사장학 수업 II

사장학 수업 II

사장의 리더십과 직원의 팔로워십

김형곤 지음

A BUSINESS
ADMINISTRATION
CLASS

들어가는 글

사장은 길을 열고
직원들은 그 길을 따라 걷는다

나는 기업 사장들에게 'CEO 가정교사'로 불린다. 오랜 기간 사장들을 만나 기업의 문제 해결 방법을 찾는 과정에서 생긴 별명이다. 사장들이 자신의 고민을 내놓으면 나는 해당 문제를 해결하는 일반적인 방식들을 설명한다. 그럼 사장들은 그 방식을 자신의 기업에 적용할 방법을 찾는다.

보통 사장들이 고민하는 내용은 크게 두 가지다. 하나는 기업 외부와 관련된 것이고 다른 하나는 기업 내부와 관련된 것이다. 특히 기업 내부와 관련된 사장의 고민 중에서도 비중이 가장 높은 것은 함께 일하는 직원들에 대한 것이다.

대부분의 사장이 자신의 진심과 원하는 것을 알아주지 않는 직원들을 아쉬워하고 안타까워한다. 심하게는 직원들을 불신하거나, 회사 사정은 아랑곳하지 않고 자신의 입장만을 고수하는 이기적인 존재라고 폄하하기도 한다. 객관적으로 보기에 사장 본인의 문제임에도 직원들의 관점과 입장에 무지하면 자연스럽게 직원들에게 문제가 있는 것처럼 보이게 된다. 그래서 사장들과 공부하는 시간 중 상당 부분은 직원들의 관점을 이해하고 그들이 능동적이고 적극적으로 일하게 만드는 방법을 찾는 데 쓴다. 결국 사장은 함께 일하는 직원들을 통해서 성과를 내야 하기 때문이다.

반대의 상황도 일어난다. 대부분의 직원이 사장의 행동을 자기중심적으로 해석한다. 겉으로 드러난 모습 속에 가려진 진실이나 기업의 총체적인 상황을 알기 어렵기 때문이다. 그래서 직원들은 사장의 관점을 이해하기 위해서 노력할 필요가 있다. 본인이 아무리 열심히 노력해도 그 평가는 사장이 하기 때문이다. 사장의 관점을 이해하면 훨씬 더 효과적으로 일하는 방식을 찾아낼 수 있다. 실제로 사장의 관점을 이해하는 것은 회사 생활에서 자기 가치를 높이는 시작점이 된다. 지피지기知彼知己면 백전불태百戰不殆라 하지 않던가. 적(경영자)을 알고 나(직원)를 알면 백번 싸워도 위태롭지 않다.

사장이 자신의 말에 무조건 따르는 사람을 좋아할 거라는 생각은 사실이 아니다. 사장은 성과를 내는 사람을 좋아한다. 무조건 회사에 충성하는 사람을 좋아할 거라는 생각도 사실이 아니다. 대부분의 사장은 자기 생각을 갖고 자기 관리를 하면서 일하는 사람을 훨씬 더 좋아한다. 그래서 일관성을 가지고 예측 가능하게 행동하는 사람에게 더 많은 기회가 주어질 가능성이 높다. 직원들이 추측하는 사장에 대한 생각과 실제 사장의 관점에는 상당한 차이가 있다.

*

이 책의 주제는 '사장의 리더십leadership'과 '직원의 팔로워십followership'이다. 사장과 직원이 상호 의존적interdependent 관계자로서 각각 어떤 역할을 해야 하는가를 자세히 설명하고 있다. 두 주체가 기업에서 성과를 반복해 내는 핵심 역할자이기 때문이다.

사장의 리더십과 직원의 팔로워십은 입장과 위치의 차이가 있을 뿐, 초점focus은 동일하다. 실제로 리더십과 팔로워십의 차이는 딱 한 가지다. 리더는 한 명이고 팔로워는 다수라는 것이다. 그런데 그 한 가지 차이가 실행의 과정에서는 천변만화千變萬化의 형태로 나타난다.

사장의 리더십은 팔로워가 누구며 어떤 상태인가에 따라서 달라져야 하고, 직원의 팔로워십은 리더가 어떤 사람이냐에 따라서 달라져야 한다. 그렇기에 기업 활동에서 이 두 주체의 역할을 하나의 공식으로 요약할 수 있다.

Leadership = f(성과, 팔로워)

Followership = f(성과, 리더)

사장의 리더십 그리고 직원의 팔로워십을 종합하면, 기업 활동이란 사장과 직원들이 조직의 성과 목표를 공유하고, 자신의 영향력의 영역에 집중해서 소통하고 행동하는 모든 활동이다. 리더십과 팔로워십을 결정하는 본질이 자신이 아니라 기업의 목표와 상대에게 있음을 아는 것이 중요하다. 그래서 어떤 사람들은 직원의 팔로워십을 '보스를 잘 다루는 방법'으로 번역하기도 한다.

CEO 가정교사의 관점에서 설명하면, 사장에게는 리더십 학습과 훈련이 필요하고 직원들에게는 팔로워십의 관점 및 태도 정립이 필요하다. 특히 사장은 기업의 상황에 적합한 리더십이 무엇인지 알고 실행하는 '구분'의 지혜를 갖춰야 하고, 직원은 회사 생활에서 자기 가치를 높이는 방식으로서 팔로워십의 개념을 알고 실행해야 한다.

*

사장의 리더십 발휘에 앞서 확인해야 하는 세 가지 기초 역량이 있다. 첫째는 '가중치weight를 보는 능력'이다. 기업에서 진행되고 있는 많은 일 중에서 성과에 크게 영향을 끼치는 변수를 찾아내는 능력을 말한다. 열 가지 경우에서 전체 비중의 70~90%를 차지하는 한두 가지의 일을 분별하고, 그곳에 자원을 집중할 때 기업의 성과관리가 쉬워진다.

둘째는 '되게 하는 능력'이다. 기업은 당위성으로 경영되지 않는다. 실행력이 성과를 좌우한다. 그래서 사장은 기업에 필요한 일이 실행될 수 있는 구체적인 실행 방식을 갖고 있어야 한다.

셋째는 '변화를 수용하는 자세'다. 시장market이 변하고 소비자의 요구가 달라지고 새로운 경쟁자들이 진입하는 상황에서 이전의 성공 방식을 반복하는 것으로는 부족하다. 오늘의 성과를 내일로 이어가기 위해서는 변화 가운데서 새롭게 나타나는 변수들에 주목하고, 가중치를 관리하고 그것이 기업의 성과에 긍정적으로 작용하도록 수용하고 활용해야 한다.

기초 역량을 갖춘 사장이 기업에서 어떤 리더십을 발휘할 것인가는 기업의 규모와 밀접한 관계가 있다. 소규모 기업에서 사장의 역할과 대규모 기업에서 사장의 역할은 매우 다르다. 따라서 기업의 규모와 상황에 적합한 리더십이 무엇인지 알고 행동하는 학습과 훈련을 당연하게 생각하고 실행해야 한다. 1부에서는 기업의 규모에 따라 갖춰야 하는 사장의 리더십을 네 단계로 구분해서 설명한다.

1단계 '생존의 리더십'은 사장이 생존을 도모하는 시기의 행동 양식에 대한 것이다. 『사장학 수업』 1권에서는 '사장이 넘어야 할 다섯 개의 산'에 대해 설명했다. 그중에서도 첫 번째 '생존의 산'을 넘을 때 필요한 초점과 구체적인 행동 방식에 대한 자세한 설명이 '생존의 리더십'이다. 적은 매출로도 수익을 만드는 방법, 경험 없는 직원을 데리고 성과에 접근하는 요령, 경쟁자에게서 고객 지키기, 호의적이지 않은 사람들과 일하기 등 사장은 실패를 다루고 견딜 수 있는 역량을 갖추어야 한다.

2단계는 '개인 리더십'이다. 사장이 먼저 효율적으로 일하는 방식에 익숙해져야 한다. 직원들은 사장의 뒷모습에서 많은 것을 배우고 가장 강하게 동기부여가 된다. 직원들을 효율적으로 일하게 하려면 사장이 먼저 효율적으로 일하는 방식을 알고 행동해야 한다. 기업이 목표하는 성과에 접근하기 위해서 사장의 위치에서 공헌해야 할 바가 무엇인지 알고, 그것에 집중하는 모습을 직원들과 공유해야 한다. 그러면 직원들 역시 자신이 공헌할 바에 시간과 노력을 집중하기 시작한다.

3단계는 '관계 리더십'이다. 사장이 스스로 효율적으로 일할 뿐 아니라 직원들이 효율적으로 일할 수 있도록 도와야 한다. 여기에는 사장의 진정성 외에 몇 가지 기술을 더해야 한다. 직원들에게서 최고를 이끌어내는 방법, 효과적인 의사소통 방식, 원칙 중심의 의사결정 및 실행, 직원들이 최선을 다할 수 있는 환경 만들기, 장애물과 어려운 상황에 포기하지 않고 끝까지 성과에 접근하도록 독려하기 등이다.

4단계는 '조직 리더십'이다. 사장은 개인적으로 노력하고 열심히 일하는 모습의 개인격個人格적 성실함과 능력뿐 아니라, 기업의 전체 활동을 '한 방향 정렬'시키고 변화하는 환경에 맞추어 조직을 재정립하는 조직격組織格적 역량을 갖추어야 한다. 특히 기업의 규모가 커져서 사장이 직접 현장을 확인할 수 없고 리드하지 못하는 경우, 사장은 반드시 조직격적 역량을 발휘하는 존재로 스스로를 발전시켜야 한다. 기업의 성장과 유지는 사장의 개인격이 아닌 조직격에 좌우되기 때문이다.

2부는 직원의 팔로워십에 관한 구체적인 내용으로, 리더십과 팔로워십의 관계성, 회사 생활에서 자기 가치를 높이는 방식 그리고 회사원으로서 내공을 키우는 습관을 자세히 설명한다. 사장의 리더십에 대해서는 이미 알려진 내용이 많지만, 직원의 팔로워십은 그 개념은 물론이고 구체적인 내용이 소개된 적이 거의 없어서 이 책의 절반 분량을 할당해 자세히 설명한다. 초점이 분명한 19가지 내용들을 하나씩 곱씹으면서 사장의 리더십 이상으로 중요한 직원의 팔로워십에 대한 새로운 시각과 가치를 이해하고 활용할 수 있길 바란다.

3부는 비즈니스 멘토mentor로서 리더와 팔로워 모두에게 당부하는 내용이다. 기업은 사장의 리더십과 직원의 팔로워십이 관계성으로 어우러져서 작용하는 공간이다. 그 중심에는 '성과'라는 공통분모가 있고, 사장의 역할이 있고, 직원의 역할이 있다. 사장은 한 명, 직원은 여러 명이라는 피할 수 없는 기업의 구조 속에서 '윈-윈'의 관점으로 힘을 합치는 방식에 대해서 구체적으로 생각해 보자. 특히 여기에는 사장과 직원의 역할이 파트너십partnership으로 발전할 수 있기를 바라는 내 생각을 담았다.

기업이 사장의 리더십과 직원의 팔로워십으로 어우러져 성과를 반복할 수 있게 되면, 하루 중 가장 긴 시간을 보내는 회사생활이 단순히 월급을 받고 노동력을 제공하는 곳이 아닌 자신의 가치를 키우고 스스로를 성장시키는 즐겁고 의미 있는 공간이 되는 경험을 하게 된다.

"총론에는 정답이 있고 각론에는 진심이 있다." 대부분의 공식적인 답들이 총론에서 언급되지만, 구체적인 실행 방식들은 각론에 있다. 따라서 총론 찬성 각론 반대의 태도에 유의하면서 진정성을 바탕으로 한 관계성에서 함께 답을 찾아보자.

『사장학 수업』 1권에 나온 '진실眞實-사실事實-지각된 진실寫實'이라는 운율이 잘 맞지 않던 표현을 '진실truth-사실fact-지각perception'으로 깔끔하게 정돈해준 여소연 편집자에게 감사합니다.

2024년 7월

CEO 가정교사 김형곤

차례

3장 사장의 관계 리더십: 직원들이 효율적으로 일하도록 돕는다

4장 사장의 조직 리더십: 모든 활동이 한 방향 정렬되도록 조직한다

2부

직원의 팔로워십

5장 회사 생활에 대한 객관적 관점 갖기: 리더십과 팔로워십의 관계

6장 회사 생활에서 자기 가치 높이기: 일곱 가지 성취 공식

1부

사장의
리더십

A BUSINESS ADMINISTRATION CLASS

1장

생존의 리더십

: 성공이란 생존한 사람만이 고민할 수 있는 목표다

모든 사업은 세 단계를 거친다.

첫째는 실패하지 않은 단계,
즉 생존을 유지하는 단계다.

둘째는 성공 확률을 높이는 방식을
습득해 가는 단계다.

그리고 마지막은
성과를 반복하는 자기 방식을 터득하고
그것을 지속적으로 실현하는 단계다.

01 들어오는 돈이 나가는 돈보다 많은 상태 유지하기

———————— 기업의 리더로서 사장이 해야 할 일은 분명하다. 들어오는 돈이 나가는 돈보다 많은 상태를 유지하는 것이다. 규모가 작은 기업의 경우 이번 달 급여, 월세, 공과금 등을 모두 지급하고 다음 한 달을 살 수 있는 상태라면 일단 성공이다. 기업의 규모가 커지면 그 기간이 한 달에서 일 년으로 늘어나고, 규모가 더욱 커지면 3~5년으로 늘어난다. 기업의 생존 방식이 자신의 기업 규모와 가용할 수 있는 자원resources의 크기에 따라서 달라질 수 있으나, 들어오는 돈이 나가는 돈보다 많은 상태를 유지해야 한다는 초점은 변하지 않는다.

'Before-Do-After'의 관점을 정립하라

생존의 리더십을 발휘하는 사장이 가장 먼저 집중해야 할 것은 '매출을 일으키는 거래'다. 자신의 상품을 가지고 어디서 어떤 방식으로 거래를 일으킬 수 있을까를 생각해야 한다. 이 시기는 효율은 고사하고 최소한의 효과만 얻어도 괜찮다고 생각하며 행동할 수밖에 없다. 그리고 여러 번의 시행착오를 겪는 것을 당연하게 생각해야 한다.

어떤 일이 될 만한 일인가 그렇지 않은가는 어떤 'Before' 과정을 거쳤는지를 통해 상당 부분 예측할 수 있다. 일의 성격과 관계없이 'Before' 과정 없이 바로 'Do'로 진행되는 비즈니스는 존재하지 않기 때문이다. 주변에서 벌어지는 많은 일이 처음부터 'Do'의 형태로 진행되는 것처럼 보이지만, 빙산 위로 드러나지 않은 큰 아랫부분이 존재하는 것처럼 실제로는 준비된, 또는 준비해야 하는 'Before' 과정이 반드시 존재한다.

다만 직접적인 이해당사자가 아니면 'Before' 과정은 외부에서 파악되지 않기에 마치 'Before' 과정 없이 바로 'Do'로 진행되는 것처럼 오해하고 착각한다. 모든 비즈니스 활동에서 'Before' 과정이 필수적이라는 것을 깨닫고 나면, "어떤 'Before' 과정을 거쳤는가?"라는 질문은 경험 없는 일을 시도할 때 실패를 방지하는 질문으로 유용하게 활용할 수 있다.

그래서 나는 사장이 'Before-Do-After'의 관점을 가질 것을 강조한다. 사업 성패의 70~80%는 'Before'에 달려 있고, 'Do'의 과정을 거쳐서 'After' 단계에서 비로소 돈 되는 결과를 얻을 수 있다. 생존의 리더십을 발휘하기 위한 선행 준비Before가 필요하다는 뜻이다. 생존의 리더십을 발휘하는 시기의 선행 준비는 잠재 고객target market의 수요를 찾는 것이다. 누가 고객인가를 묻고, 그 고객이 어디에 있는가를 아는 지식이 필요하다.

'수요'가 있는 상품을 기획해야 한다

2014년에 방영된 〈미생〉이라는 드라마에서 '원 인터내셔널' 회사의 오상식 과장은 신입사원인 장그래와 장백기에게 10만 원을 주며 밖에 나가 무엇이든 장사를 해서 결과를 만들어 오라는 과제를 준다. 두 사람은 자신들이 가진 돈으로 어느 정도 양을 확보할 수 있는 양말과 팬티를 아이템으로 선택한다. 일단 양말과 팬티를 들고 지하철에서 판매를 시도해 보지만 성과는 고사하고 창피만 당한 뒤 쫓겨난다. 방법을 찾지 못한 장그래는 지인 판매를 시도하기 위해 자주 다니던 기원을 찾아갔지만, 거기서도 아무런 소득 없이 충고의 말만 듣고 돌아온다.

날은 어둑해지고 물건은 양손 가득 남았을 때, 우연히 회사 근처 목욕탕 앞을 지나다가 장그래와 장백기는 번득이는 생각이 떠올라 서로를 바라봤다. 야근하다 아무 준비 없이 목욕탕을 찾는 남자 직장인들에게 양말과 팬티를 세트로 판매하면 쉽게 호응을 얻을 수 있겠다고 생각한 둘은 창피함을 이겨내기 위해 소주 한 병씩을 마시고 매우 적극적인 호객행위를 시작했다. 그들은 마침내 준비한 상품을 모두 판매할 수 있었다. 힘들고 지친 상태에서 회사로 복귀한 장그래는 수익 내역을 정산하고 당일 진행 내용 보고서까지 마무리한 후에 책상에 엎드려 잠든다.

오상식 과장이 신입사원 장그래에게 가르치려고 했던 것은 무엇이었을까? 바로 '수요가 있는' 상품을 기획해야 한다는 것이었다. 자신의 사업을 성공으로 이끌기 위해서는 기획 단계에서 수요가 있는 상품을 선택해야 한다는 것을 신입사원 장그래는 알지 못했으나, 오 과장이 과제로 던진 길거리 장사를 통해서 비로소 깨닫는다. 두 신입사원은 처음에는 우왕좌왕했지만 결국은 소기의 성과를 거두고 배움을 얻는다. 현재의 상태를 극복하고 해결할 수 있는 답이 그 앞 단계에 있음을 아는 것은 성공적인 비즈니스를 반복할 수 있는 비밀이자 비결이다.

생존의 리더십을 발휘하기 위한 핵심 또한 이와 같다. 'Do'의 단계를 실행하기 전에 충실한 'Before' 과정을 갖는 것이다. 이때 'Before'의 핵심은 다음과 같다.

1. 자신의 핵심 역량을 드러낼 수 있는 상품을 기획하는 것
2. 누가 자신의 고객이 될 수 있는가에 대한 자기 의견을 분명히 하는 것

이 과정에서 계획하고 의도하는 바가 수요demand가 있는 일인지 확인해야 한다. 상품이 아무리 근사해도 수요가 없으면 결과는 꽝이 되기 때문이다.

목표 고객의 '만족 블랙박스' 변수를 찾아라

사람들은 언제 돈을 지불하는 거래를 하는가? 불만족스럽지 않아서 거래하는 사람은 없다. 모든 면에서 완벽하게 만족해야만 호주머니를 여는 것도 아니다. 여러 가지 불만 요소가 있어도 명확한 한 가지 만족 요인이 있으면 사람들은 거래를 한다. 이때 거래를 일으키는 변수를 나는 '만족 블랙박스' 변수라고 부른다.

만족 블랙박스란 보통의 경영학 교과서에서 말하는 고객의 욕구needs 및 필요wants와 유사한 개념으로, 고객이 돈을 지불하는 거래를 행동으로 옮기게끔 만드는 핵심 욕구 변수를 지칭하는 필자의 신조어다. 고객은 자신의 만족 블랙박스에 숨겨진 변수 중 하나가 건드려질 때 돈을 지불하는 거래를 한다.

사람들의 마음속에는 '불만족 블랙박스'도 존재한다. 고객 관

점에서 불만족스러움이 허용 수준 이하로 내려가면 기존의 거래가 멈춘다. 현실에서 대부분의 불만족 블랙박스 변수들은 주로 고객의 평판에 관여한다. 분명한 만족 요소 하나가 거래를 만들고 기대 수준 이하의 불만족 요소는 기존의 거래를 중단시킨다. 불만족스럽지 않아도 평판을 좋게 할 수는 있다. 그러나 돈을 지불하는 거래까지는 이루어지지 않는다. 돈을 지불하는 거래는 오직 명확한 만족 요소가 한 가지 이상 있을 때만 가능하다.

3C에 대한 구체적 이해와 만족 블랙박스 변수 찾기

사장은 자신이 활동하고 있거나 진입하고자 하는 시장과 세 활동의 주체, 즉 3C에 대한 구체적인 이해와 학습이 꼭 필요하다. 여기서 3C란 고객consumer, 경쟁자competitor, 기업company을 말한다. 그중에서도 자신의 목표 고객에 대한 이해가 구체적일수록 사장이 생존의 리더십을 발휘하기 쉬워진다. 사장이 목표 고객을 탐색할 때 초점을 둘 것은 잠재 고객의 만족 블랙박스에 어떤 변수가 담겨 있는가에 대한 통찰이다.

물론 고객 만족 블랙박스에 어떤 변수가 들어 있는지는 쉽게 알기 어렵다. 심지어 고객 자신조차 정확히 모르는 경우도 많다. 그래서 생존의 리더십을 발휘하는 사장의 통찰이 필요한 영역이다. 사장이 목표 고객의 만족 블랙박스 변수와 불만족 블랙박스 변수를 구분하지 못하면, 될 듯 될 듯하지만 결국은 열매 없이 잎만 무성한 나무를 키우다가 지쳐버릴 수 있다.

자신이 계획하고 있는 사업이 수요가 있는 일인가를 확인하는 것, 목표 고객의 만족 블랙박스에 어떤 변수가 숨겨져 있는지 읽어내는 통찰을 발휘하는 것, 그리고 그 수요를 어떤 방식으로 첫 거래로 연결시킬 것인가에 대한 시나리오를 확립하는 것이 생존의 리더십을 발휘하기 위해 사장이 'Before' 단계에서 확인하고 준비해야 할 내용이다.

파일럿 비즈니스 과정이 필요하다

사장에게 생존의 리더십이 필요한 시기는 대부분 사업 초기다. 사업 지식도 부족하고 자신의 사업 아이템에 대한 전문성도 충분히 구축하지 못했으며, 잠재 고객들에게 어떻게 접근해야 할지에 대한 구체적인 접근 방식이 확립되지도 않아서 여러 형태의 어려움을 겪는다. 그중에서도 왜 사업을 시작하고 지속해야 할지 묻는 사람들에게 대답할 근거를 찾기 어렵다. 그래서 새롭게 사업을 시작하는 사장은 자기 사업의 준비 과정에 파일럿 비즈니스pilot business를 삽입할 것을 권한다.

파일럿 비즈니스란 사장이 바라본 시장 기회가 진짜로 자신의 사업 기회가 될 수 있는지 확인하는 과정이다. 파일럿 비즈니스 과정은 크기만 작을 뿐, 본 비즈니스에서 필요한 요소들을 모두 포함하고 있어서 본 비즈니스의 축소판이라고 볼 수 있다.

사장이 파일럿 비즈니스 과정을 통해서 확인할 것은 세 가지다. 첫째는 자신이 본 시장 기회가 맞는지 확인하는 것이다. 정말 수요가 있는가를 확인해야 한다. 또한 그 수요가 자연스럽게 일어날 수 있는 것인지 아니면 구체적인 노력과 과정을 거쳐야 이루어질 수 있는 것인지 알아야 한다.

둘째는 자신이 얻으려는 성과와 관련해서 치러야 할 대가가 무엇이며, 그 사업에 영향을 주는 변수들이 무엇인지 확인하는 것이다. 외부에서 보이는 성과와 그 성과를 얻기 위해서 지불해야 하는 대가가 별개라는 것을 깨달아야 한다. 외부에서는 오직 성과만 보인다. 그러나 실제 상황에 들어가면 자신이 생각하지 못했던 변수들이 튀어나와서 어려움을 겪는 경우가 비일비재하다. 그래서 파일럿 비즈니스 과정을 진행하면서 자신이 사업 기회라고 본 영역에 대한 경험과 지식을 쌓는 것이 필요하다.

셋째는 자신이 포착한 기회에 접근할 수 있는 현실적이고 효과적인 사업 방식을 정립하는 것이다. 그 과정에서 본 비즈니스 진행에 필요한 핵심 역량을 파악하고, 해당 역량을 가진 사람들과의 관계를 확보하는 부수적인 효과도 얻을 수 있다.

파일럿 비즈니스의 목적은 자신이 포착한 시장 기회를 극대화시킬 수 있는 적절한 비즈니스 모델을 정립하고, 효과적이고 현실적인 사업 계획을 수립하는 것이다. 의도된 실패 또는 의도된 고생이라고 생각해도 무방하다. 그렇게 하는 것이 장기적인 시각으로 보았을 때 지불하는 대가가 더 작다.

파일럿 비즈니스는 꼭 필요한 과정이며 비즈니스 프로세스상에서 실패를 줄이고 성공을 강화시킬 수 있는 주효한 접근 방식이다. 만약 그 과정을 생략하고 본 비즈니스에 들어가면 첫 번째 비즈니스가 파일럿 비즈니스가 될 가능성이 높다. 자신이 목적하고 계획해서 파일럿 비즈니스를 하는 것과 어쩔 수 없는 실패 경험을 통해 배우는 것에는 큰 차이가 있다. 자신이 오랫동안 해왔던 능숙한 영역이 아니라면 파일럿 비즈니스 과정이 꼭 필요하다는 것을 기억하길 바란다.

02 매출 키우기 & 적은 매출로 수익 만들기

비즈니스를 계획하고 실행하기 위한 필요 조건은 분명하다. 수요가 있는 일을 기획하고 진행해야 한다. 또한 들어오는 돈이 나가는 돈보다 많은 상태를 유지할 수 있어야 한다. 그러기 위해서 사장은 자기 사업의 'Before' 단계에서 핵심 역량을 구축하고, 목표 고객을 설정하고, 유용하게 사용할 수 있는 집객集客 아이디어를 준비해야 한다.

매출을 일으키는 거래에 초점을 두기

'Do'의 단계에 들어가면 매출을 일으키는 거래에 우선적으로 집중해야 한다. 이때 매출과 관련된 변수가 무엇인지 명확히 알아야 한다. 매출을 만드는 공식은 다음 세 가지로 표현할 수 있다.

매출 = 방문 고객 수 × 구매율 × 객단가
= (접근 가능 고객 수 × 방문율) × 구매율 × 객단가
= (신규 방문 고객 + 경험 고객 재방문) × 구매율 × 객단가

구매율과 객단가(고객의 1회 구매 시 평균 구매 금액)는 사업을 시작하고 어느 정도 시간이 지나면 일정 수치로 수렴하게 된다. 그러나 방문 고객 수는 사장이 어떤 노력을 기울이느냐에 따라서 결과가 크게 달라질 수 있다. 따라서 사업 초기에는 방문 고객 수를 늘리기 위한 다양한 집객 아이디어를 미리 준비하고 있어야 한다.

이때 목표 고객의 만족 블랙박스를 건드릴 수 있는 단어나 문장을 잘 찾으면 같은 비용을 쓰고도 몇 배나 큰 효과를 얻을 수 있다. 따라서 자신의 사업 아이템에서 유용하게 쓸 수 있는 광고나 홍보 방식, 유용하게 활용할 수 있는 접근 방식에 대한 다양한 사례들을 사업 시작 전 준비 과정에서 미리 확인해야 한다.

생존의 리더십을 발휘하기 위한 구체적인 행동이란 자신의

사업에서 접근 가능한 고객군을 찾아내고, 그들의 첫 방문과 재방문을 이끌어낼 수 있는 방법과 방식들을 찾아서 실행하는 것이다. 그 과정에서 사장은 자신에게 적합한 '3단계 마케팅'을 기획하고 실행할 수 있어야 한다.

'3단계 마케팅'의 이해

3단계 마케팅을 기획하고 실행하는 구체적인 방식은 다음과 같다. 모든 비즈니스는 고객의 행동 기준으로 '방문 → 구매 → 재방문'의 3단계를 거친다. 그런데 고객의 첫 방문에는 '고지 → 인식'이라는 숨겨진 'before' 과정이 있다. 따라서 자신의 잠재 고객들의 행동을 '고지 → 인식 → 방문 → 구매 → 재방문'의 단계로 구분하고, 단계별로 유용한 자기 방식을 찾아내서 실행에 옮기는 것이 3단계 마케팅의 요체다.

고객 행동의 총 5단계에서 사업자가 할 수 있는 것은 '고지'뿐이며, 나머지 '인식' '방문' '구매' '재방문'은 모두 고객이 하는 행동이다. 따라서 사장은 자신의 사업에서 목표 고객의 첫 방문을 이끌어내는 고지 방식을 구체적이고 효과적으로 실행할 수 있는 자신의 아이디어 노트를 만들어야 한다. 내가 과거에 '케이크 전문점' 사업을 진행하며 경험했던 사례를 소개한다.

케이크 전문점 사례

내가 케이크 전문점에 관심을 갖게 된 것은 33년 전 일본 도쿄를 방문했을 때다. 한국에서 대학 생활을 마치고 도쿄에서 회사 생활을 하던 대학 후배의 안내로 당시 인기를 끌었던 장소들을 돌아볼 기회가 있었다. 그때 새롭게 했던 경험 중 하나가 조각 케이크를 전문으로 판매하는 곳이었다. 식사 후 디저트로 먹는 것치고는 가격이 꽤 비싼 편임에도 불구하고 카페를 찾는 젊은 여성들 대부분이 케이크를 차와 함께 주문해서 먹는 모습이 자연스러웠다. 카페를 떠나며 별도로 포장해 가는 사람들도 많았다.

당시 28세 청년이었던 나는 쉽게 이해하기는 어려웠던 그 광경을 기억 속에 담아두었다. 이후에 10년의 회사 생활을 마치고 마케팅을 중심으로 한 비즈니스 컨설팅을 진행하는 과정에서 우연한 기회로 케이크 전문점 사업을 기획하게 되었다. 2년여의 기간 동안 질 좋은 상품(케이크)을 준비하고, 파일럿 비즈니스를 위해서 서울 논현동의 횡단보도가 있는 위치에 약 11평짜리 매장을 오픈했다. 케이크 전문점 사업을 장기적으로 함께 진행할 사장님과 함께 준비한 상품들을 선보이면서 고객 반응을 살폈다. 이후 약 1년간 매장 인테리어를 세 번이나 수정하면서 적합한 운영 방식을 찾기 위한 시도를 했다.

처음 사업을 준비하면서 직장인 여성들을 목표 고객으로 생각했다. 예상대로 직장인 여성들의 반응은 즉각적이고 매우 호의적이었다. 게다가 맛있는 케이크라는 소문이 나면서 퇴근길에 케이크를 구매해 가는 직장인들이 점차 늘었고, 하루 매출의 절반 이상이 퇴근 시간에 발생했다.

그런데 시간이 지나면서 새로운 고객군이 발견되었다. 직장인 여성들은 두세 명이 홀whole 케이크 한 개를 주문하고 매장에 한두 시간을 머무르다 가면서 남은 조각들을 포장해 달라는 요청을 많이 했다. 반면에 해당 매장의 뒤편에 위치한 아파트 단지에 거주하는 30~40대 주부들이 홀 케이크를 한두 개씩 쉽게 포장해 가곤 했다. 주부들이 가족을 위해서 구매해 가는 경우가 많았던 것이다. 처음 예상과는 다른 고객 반응에 핵심 고객군을 자녀가 있는 30~40대 주부로 수정했고, 서울 도심이 아닌 일산이나 분당 등 주거 단지가 밀집한 지역에서 테이크아웃 중심의 소규모 매장에서도 사업을 할 수 있겠다는 생각이 들었다.

보완할 부분도 드러났다. 지금은 다양한 조각 케이크들이 나오며 케이크를 디저트로 먹는 행위가 일반화되었지만 내가 해당 사업을 기획한 것은 지금부터 20년 전이어서, 케이크 전문점이라는 개념이 고객들의 상식에 들어 있지 않은 상태였다. 그래서 잠재 고객들에게 어필할 수 있는 핵심 단어를 찾아야 했다.

일단 파일럿 비즈니스로 진행했던 논현동 매장을 철수하고 당시 내가 거주하던 일산에서 2차로 파일럿 비즈니스를 진행했다. 맛있는 케이크라는 1차 준비를 넘어서, 2차에는 적절한 사업 모델과 초기 집객을 할 수 있는 구체적인 방법까지 찾아낼 것을 목표했다. 그러다가 찾아낸 카피copy가 "케이크는 이제 케이크 전문점에서 찾으세요!"였다. 이 카피만 제외하면 나머지는 앞선 테스트 매장과 동일했는데, 고객 반응은 3~5배까지 커졌다.

맛에 자신 있었던 우리는 2주간 매일 다른 조각 케이크들을 시식하는 스케줄이 담긴 엽서형 전단을 만들어서 배포했다. 고객들은 기존의 제과점이 아닌 '케이크 전문점'의 케이크를 경험하기 위해서 기대감을 가지고 3~5평 크기의 작은 매장을 찾아와 줄을 섰다.

'3단계 마케팅'의 실행과 준비

생존의 리더십을 발휘해야 하는 사장은 자신의 사업에서 '목표 고객의 첫 방문을 이끌어내는 효과적인 고지 방식'을 찾아내야 한다. 그리고 반복해서 사용할 수 있는 '3단계 마케팅'의 골격을 만들어야 한다. 중요한 것은 잠재 고객의 첫 방문과 경험 고객의 재방문이다.

1. 고객이 호의적인 기대감을 가지고 방문하도록 고지
2. 방문 고객이 구매할 수 있는 환경 세팅
3. 경험 고객의 재방문을 유도하는 장치를 준비

3단계 마케팅의 실행은 준비 단계와는 다르게 진행된다. 먼저 방문 고객이 구매할 수 있는 환경 만들기가 첫 번째다. 구매할 수 있는 환경이란 고객이 매장을 방문해서 구매하고 매장을 나가기까지의 동선을 정돈하는 것이다. 이것은 온라인 비즈니스나 오프라인 비즈니스나 초점과 골격이 동일하다.

두 번째는 경험 고객의 재방문을 유도할 수 있는 장치(마일리지 적립 등)를 미리 준비하는 것이다. 고객의 재방문에는 본인의 재방문 외에 다른 사람에게 추천하거나 호의적인 입소문을 포함한다.

세 번째는 목표 고객의 첫 방문을 이끌어낼 수 있도록 적극적으로 고지하는 것이다. 앞서 예를 들었던 '케이크는 이제 케이크 전문점에서 찾으세요!'와 같이 잠재 고객의 만족 블랙박스를 건드릴 수 있는 단어나 문장 그리고 '2주간의 시식 스케줄이 표시된 엽서형 전단' 같은 자신의 사업 특성에 맞는 도구가 있어야 한다. 그 내용과 방식은 상황과 여건에 따라 달라질 수 있다.

일단 자신의 잠재 고객들이 기대하며 찾아오게 만들 수 있다면 성공이다. 3단계 마케팅의 실행은 1회로 끝나지 않는다. 잠재 고객의 '방문 → 구매 → 재방문'의 사이클을 반복함으로써 매출의 크기를 키워가고, 그 과정에서 고객의 구매율을 높이고 객단가를 키우는 방법을 지속적으로 탐구해야 한다. 자신의 사업에 적합한 3단계 마케팅 방식을 정립하고 자신이 능숙하게 사용할 수 있는 도구와 실행 방식을 구축하는 것이다.

수익을 만드는 세 변수 이해하기

이제 수익을 만드는 공식을 생각해 보자.

수익 = 매출 × 수익률 – 비용

매출은 고객나무에 핀 꽃과 같고 수익은 그 나무에 열리는 열매와 같다. 매출(꽃)이 없으면 수익(열매)도 없다. 그러나 꽃이 많이 피었어도 열매가 없다면 그 비즈니스는 지속하기 어렵다. 여기서 수익에 관련된 변수는 매출, 수익률, 비용 세 가지다. 그래서 생존의 리더십을 발휘해야 할 사장의 행동 초점은 매출을 키우고, 수익률을 높이고, 비용을 줄이는 활동이 기업 전체적으로 반복되도록 조직하고 운영하는 것이다. 매출은 앞서 설명한 3단계 마케팅으로 키워갈 수 있다. 수익률은 업계의 평균 이상을 기준점으로 잡고 관리하면서 비용을 줄이는 자기 방식을 찾아서 지속하고 강화할 수 있으면 된다.

생존의 리더십 7단계 프로세스

생존의 리더십을 발휘해야 하는 사장의 행동을 7단계로 나누어서 생각해 보자.

1단계, 돈 들어오는 구멍을 최대한 확보하고 시작한다.

사업 시작 시점에 일정 크기 이상의 매출을 확보하고 시작할 수 있으면 더할 나위 없이 좋다. 그래서 자신의 사업을 구체화시켜서 'Do'의 단계에 진입하는 사장의 1차 초점은 '매출을 일으키는 거래'를 확보하는 것이다. 다소 비효율적인 거래라 해도 구체적인 매출을 얻을 수 있으면 가능한 한 수용할 방법을 찾는 편이 좋다. 이 시기 사장의 판단 기준은 효율이 아니라 효과가 될 수밖에 없다.

2단계, 돈 나가는 구멍을 명확히 파악한다.

돈이 나가는 구멍의 종류와 크기, 성격을 구체적으로 파악해야 한다. 그리고 구분해야 한다. 돈이 나가는 구멍에는 두 가지 형태가 있다. 하나는 그냥 돈이 나가는 구멍이고, 다른 하나는 돈이 들어오는 길과 연결된 구멍이다. 월세, 공과금, 이자 등 순수한 비용은 가능한 한 그 숫자와 크기를 줄여야 한다. 그러나 연구개발이나 홍보 등 돈이 들어오는 구멍과 연결된 구멍은 여건과 상황이 허락하는 한 구멍의 크기를 키워야 한다. 단순히 현재를 유지하기 위해서 쓰이는 돈은 비용이지만 미래의 수익을 확보하기 위해서 사용하는 비용은 투자가 된다.

3단계, 돈이 들어오는 구멍의 수를 늘리고 크기를 가능한 한 키운다.

기본적으로 돈이 들어오는 구멍은 예측하기도 어렵지만 통제하기는 더더욱 힘들다. 그래서 항상 최선이 아닌 최악의 경우를 상상하면서 수익모델을 유지해야 한다. 그렇게 돈 들어오는 구멍의 숫자와 크기를 키우려는 노력은 자신의 사업이 생존의 단계를 벗어났다고 판단될 때까지 계속되어야 한다.

4단계, 돈이 나가는 구멍 중에서 돈이 들어오는 구멍과 연결된 구멍의 지출을 조직적으로 키운다.

오늘 비용을 사용하는 이유는 오늘을 생존하기 위함과 더불어 내일 더 많은 매출과 수익을 얻기 위함이다. 따라서 자기 사업의 특징을 잘 살펴서 추가 매출과 수익을 만들어내는 지출 부문을 찾아냈다면, 그것을 지키기 위해서 노력해야 한다. 아무리 힘들어도 그 부문의 지출을 줄여서는 안 된다. 오히려 적극적으로 해당 부문의 비용을 늘리는 정책을 고민해야 한다.

5단계, 돈 나가는 구멍 중에서 단순 지출은 금액의 크기가 작더라도 줄이도록 노력한다.

R&D 비용과 전략적 홍보는 비용이 아니라 투자로 생각하는 것이 좋다. 그러나 그 외의 비용들에 대해서는 이를 줄이려는 노력이 조직의 습관이 될 수 있도록 조직 문화를 만들어야 한다. 사업 초기에는 사장의 모든 행동이 기업 지출의 기준이 될 수 있음을 생각하고, 돈을 사용하는 기준을 단순하고 명확하게 정립하려는 지속적인 노력이 필요하다.

6단계, 오랫동안 가장 많은 돈이 들어올 수 있는 구멍을 판단해서 선택하고 집중한다.

사업이 생존을 넘어서는 단계에 이르면 그중 가장 효과적인 수익원을 선택해서 힘을 집중하는 것이 좋다. 비즈니스는 효율의 게임이며 선택과 집중을 통해서 효율을 극대화할 수 있기 때문이다. 이때부터 사장의 판단 기준이 효과에서 효율로 점차 이동한다. 꼴을 만들고 크기를 키우고, 다시 꼴을 만들고 크기를 키우는 노력을 반복하면서 회사가 성장한다.

7단계, 매출을 키우고 수익률을 높이고 비용을 줄이려는 각 부문의 노력이 전체 성과를 키우는 방식으로 귀결되도록 정돈한다.

이때가 사장의 리더십이 한 단계 위로 점핑하는 중요한 시기다. 돈을 벌고 비용을 사용하는 기업의 운영 꼴이 만들어지기 때문이다. 그리고 사장이 적극적으로 공부를 시작해야 하는 시기이기도 하다. 각 사업 부문의 노력들이 기업의 추동력이 되도록 조직하고 정돈하는 과정aligning을 반복하면서 사장은 기업이 성장하는 원리를 깨닫게 된다. 이전까지는 사장의 태생적 강점과 노력이 기업의 생존과 발전의 기초가 되었지만, 이때부터는 사장의 학습된 역량과 기업을 조직하고 운영하는 방식이 기업의 성장에 더 큰 영향을 끼치기 때문이다. 또한 이때부터 기업이 자신의 색깔을 드러내기 시작하고 외부로부터 적극적으로 평가받기 시작한다.

생존의 리더십 요체는 들어오는 돈이 나가는 돈보다 많은 상태를 지속할 수 있는 자기 방식을 정립하는 것이다. 그러기 위해서는 매출을 만드는 공식을 명확히 알고 실행할 수 있어야 한다. 또한 그 매출을 통해서 수익을 확보하는 자신만의 기준과 방식을 정립해야 한다. 그 노력들을 다양하게 시도하는 과정에서 사장과 기업의 색깔이 만들어진다.

03 경험 없는 직원 데리고 성과 만들기

——— 생존의 리더십을 발휘하는 시기의 사장이 익숙해져야 하는 것들이 있다. 앞 장에서 설명한 '적은 매출로 수익 만들기' 방법과 요령을 체득해야 할 뿐만 아니라, 기업 외부적으로는 '매출을 일으키는 거래'를, 기업 내부적으로는 '경험 없는 직원들과 함께 성과를 만드는 방식'을 터득해야 한다. 사장이 이 세 가지에 대해서 자기 방식을 찾아내고 지속할 수 있을 때 비로소 생존의 산을 넘을 수 있다.

'고객나무' 키우기: 고객을 구분하는 세 가지 기준

매출을 일으키는 거래의 핵심은 '고객나무' 키우기다. 고객나무를 키우는 행동 기준을 찾으려면 고객을 몇 가지 기준으로 구분해야 한다.

먼저 고객을 '뜨거운 고객' '따뜻한 고객' '차가운 고객'으로 구분할 수 있다. 뜨거운 고객이란 기업의 존재만 확인되면 산을 넘고 물을 건너서라도 찾아오는 고객이다. 기업을 흡족하게 해주는 존재지만 소수라는 점이 아쉽다. 또한 일정 시간이 지나면 고객의 위치를 넘어서 기업에 더 많은 요구를 할 가능성도 내포하고 있다.

따뜻한 고객이란 적절한 방법으로 홍보하고 이해시키면 반응하는 고객을 말한다. 기업 매출의 중심에 있으며 사업 초기의 초점은 따뜻한 고객에게 호의적인 반응을 얻는 것에 맞추어진다.

차가운 고객은 구체적인 자기 필요가 있을 때만 반응하는 고객을 말한다. 일반 홍보에는 전혀 반응하지 않는다. 차가운 고객이 데워질 수 있으면 좋지만 투자 대비 효율성이 떨어진다.

고객은 또한 'X그룹' 'Y그룹' 'Z그룹'으로 구분할 수 있다. X그룹이란 현재의 비즈니스와 상관없이 이미 관계가 형성되어 있는 고객군을 말한다. 상품에도 관심이 있지만 기업과의 기존 관계 때문에 반응하는 존재다. 사업 초기에 큰 도움이 되지만 지속적인 도움을 기대해서는 안 된다. X그룹의 역할은 기업 상품에 대한 호의적인 이해와 경험을 다른 사람들에게 전파하는 것이다.

X그룹을 통해서 상품을 알게 된 고객들과 기업의 적극적인 고지를 통해서 방문 또는 구매를 경험한 고객군이 Y그룹이다. Y그룹은 X그룹과 달리 상품 자체의 매력에 반응하므로 기업 경쟁력을 가능하게 해준다.

Z그룹은 Y그룹의 경험 후 소개에 의해서 형성되는 고객군을 말한다. Z그룹이 주 고객이 되어 있을 때 자신의 사업이 시장에서 자리를 잡았다고 평가할 수 있다.

'새로운 고객'과 '기존 고객'으로도 구분할 수 있다. 실제로 기업 활동을 한다는 것은 새로운 고객을 모으는 것과 기존 고객을 유지하는 것으로 나눌 수 있다. 새로운 고객의 방문과 기존 고객의 재방문을 유도하기 위한 제반 활동이 기업 활동의 핵심이다. 따라서 비용과 시간을 투자하는 정책과 활동을 계획할 때는 반드시 이렇게 질문해야 한다. "이 정책과 활동이 새로운 고객을 유입시키는가? 혹은 기존 고객의 재방문 또는 재구매를 강화하는가?" 만약 어떤 것도 만족시킬 수 없다면 실행 여부를 다시 생각해야 한다.

일반적으로 고객나무를 키우는 실행 프로그램의 기본 초점은 따뜻한 고객이다. 자신의 고객이 누구이며, 그들은 어디에 있고, 어떤 자극에 반응하는가를 묻고 대답하면서 연간, 계간, 월간, 주간, 일간 행동을 매뉴얼화해서 타이밍을 놓치지 않고 실행할 수 있는 방법과 역량을 키우고 쌓아가야 한다. 그리고 그 과정을 '3단계 마케팅'으로 정립해서 반복할 수 있도록 초점을 잡고, 적절한 도구를 사용해서 실행에 옮길 수 있어야 한다.

경험 없는 직원들과 함께 성과에 접근하는 방식

이제 경험 없는 직원들을 통해서 성과를 만드는 접근 방식을 생각해 보자. 기본은 소수 정예로 조직을 운영하는 것이다. 일반적으로 소수 정예라고 하면 정예 요원을 잘 골라서 운영하는 것을 상상한다. 그러나 현실은 그렇지 않다. 사장이 생존의 리더십을 발휘해야 하는 시기에는 정예 요원은 차치하고 보통의 업무 역량을 가진 사람들도 확보하기 어려운 경우가 더 많다.

여기서 말하는 소수 정예란 흔히 생각하는 것과는 다르게 '소수가 되면 정예精銳가 된다!'는 뜻이다. 이것은 내가 20~30대 때 비즈니스 초심자로서 넘치도록 경험한 사실이다. 급속히 성장하는 회사에서 계속해서 책임이 맡겨졌기 때문이다. 주어진 일을 처리하기에도 버거운 시간과 자원을 가지고 목표에 도달해야 하는 상황을 반복하면서, 평범했던 사람들이 자신도 모르는 사이에 전사가 되어간다. 그 과정에서 함께 일하는 직원들의 목표 도달 능력 즉, '되게 하는 능력'이 자연스럽게 고양된다.

이를 위해서 사장은 직원들이 '집중'할 수 있는 환경을 만들어주어야 한다. 적극적으로 일하려는 사람들을 모을 것, 목표가 분명할 것, 그리고 일할 맛을 느낄 수 있는 분위기를 마련해 줄 것 등이 필요조건이 된다. '창의성' 발휘는 개인의 몫이다. 닦달하고 강조한다고 해서 되는 것이 아니기 때문이다.

이때 특별한 열심(무리함)은 지양한다. 지속하기 어렵기 때문이다. 상황과 환경은 빡빡하지만 되는 방법을 찾아 실행하고자 하는 분위기 속에서 자발적이고 능동적인 태도로 일하다 보면 대부분의 직원들이 일할 맛을 느끼게 된다. 그러면 몸은 힘들어도 즐겁게 일하는 방식을 스스로 체득하게 된다. 그런 경험을 반복하면서 자연스레 소수 정예가 되어가는 것이다.

'5-3-1-1 운영 방식'으로 소수 정예 만들기

소수 정예를 만드는 구체적인 실행 방식은 다음과 같다. 5명이 할 일을 3명이 하게 하고, 1명의 몫을 직원들에게 지급함으로써 더 많은 대가를 갖게 하는 것이다. 그 과정에서 여분의 1명 몫은 사장(회사)이 취할 수 있다. 사장이 해야 할 구체적인 역할이 있기 때문이다. 혹여나 직원들을 쥐어짜서 일하게 하라는 것으로 오해하지 말라. 오히려 사장이 일을 더 하는 것이다.

5명이 일하는 조직에서 성과의 평균값을 50이라고 가정했을 때, 실제로 벌어지는 일은 30~70 사이에서 진행(편차 20)된다. 만약 30~50의 일들을 수행하는 경우 성과의 크기에 비해서 업무 강도가 낮은 상태로 일하는 것이라 직원들의 불평은 없다. 느슨한 상태에서 일하는 상황에서는 오히려 업무 외의 영역에서 문제가 생기는 경우가 많다.

50~70의 일들을 수행하는 경우는 어떨까? 일의 강도가 높아지기 때문에 힘들다고 불평하는 소리가 커진다. 그러나 업무에서의 이탈은 없다. 보통 작업자가 70~80% 정도의 역할을 수행해 과업이 진행되도록 설계되기 때문이다. 대신 작업장 분위기는 긴장 상태인 경우가 많고 추가 인원을 보충해 달라는 요구가 늘어난다.

가장 이상적인 수치인 50의 일을 수행하는 경우는 어떨까? 내 경험을 기준으로 생각할 때 30~50의 일들이 진행될 때와 큰 차이가 없다. 결과적으로 30~50의 일들과 50의 일이 진행될 때의 비용은 같지만 얻는 성과는 낮다. 조직 운영에 누수가 많다는 뜻이다.

그래서 생존의 리더십을 발휘하는 시기의 사장에게는 '5-3-1-1' 또는 '3+α'의 조직 운영 방식을 권한다. 50의 평균 성과를 얻기 위한 조직을 세팅할 때 기본 인원을 3명으로 정한다. 30~50의 일들이 진행될 때는 앞에서 언급했던 소수 정예의 방식으로 운영하고, 50이 넘어가는 상황이 닥칠 경우에는 초과하는 업무량을 사장이 직접 감당하는 방식이다. 물론 사장이 20의 업무 수행 역량을 발휘한다는 전제에서 가능하다. 사장이 그 역할 수행을 할 수 없는 상황에서는 20을 감당할 수 있는 숙련된 예비군을 준비해야 한다. 길게 설명했지만 결국은 성과의 크기는 그대로 유지하면서 비용을 줄이는 방식이다.

마침 이 책을 집필하던 중 작은 공장을 운영하던 후배가 찾아와 회사 상황과 직원 운영의 어려움을 토로했다. 자세한 사정을 묻고 확인하니, 경기가 위축되고 기존의 거래가 줄어든 상태에서 과거에 매출이 좋았을 때의 운영 방식을 그대로 유지하는 게 문제로 보였다. 본인도 느슨하게 운영되고 있는 공장의 현실에 문제가 있다고 생각하면서도 나중에 다시 거래가 늘어나게 되는 상황이 올 것을 걱정하는 상태였다. 그래서 그 후배에게 '5-3-1-1 운영 방식'을 권했다. 한 달 후 다시 그 후배를 만났을 때 그 방식이 매우 효과적이었다고 말하며, 회사가 타성에서 벗어나는 기회가 되었다고 고마워했다.

생존의 산을 넘으면서 생존의 리더십을 발휘하는 사장은 적은 매출로도 수익을 만들고 유지하는 자신만의 방식을 찾고 발전시켜야 한다. 앞서 설명한 '소수 정예'와 '5-3-1-1 방식'뿐만 아니라 이미 성공해 성과를 반복하고 있는 다른 사장들의 방식을 배우고 연구해서, 자신만의 공식을 정립하여 성과를 내는 데 사용할 수 있기를 바란다.

04 경쟁자에게서 고객 지키기

——— 자기 일에 최선을 다하고 똑똑하지만 경험 없는 사장들이 가장 쉽게 실패하는 부분이 '경쟁'의 영역이다. 상품에 대한 평가가 좋고 현재의 고객들이 만족하고 있으니 모든 일이 순조롭게 진행될 것이라고 생각한다. 하지만 그것은 절반만 맞는 말이다. 사업에서 진검승부는 경쟁에서 비롯된다. 이것은 사업뿐 아니라 인생의 모든 영역에 적용된다.

고등학교를 졸업하고 소위 명문대학에 입학한 학생들 대부분이 첫 학기에 좌절을 경험하곤 한다. 주변 친구들이 죄다 고등학생 때 1~2등을 했던 사람들이기 때문이다. 나만 똑똑한 게 아니라 강의실에서 같이 수업을 듣는 친구들이 모두 똑똑하다. 내가 살던 지역에서는 나를 알아보고 인정해 주던 시선들이 새로운 환경에서는 전혀 의미가 없다. 그리고 100명 중 70등 언저리의 1학기 성적표를 받고 당황한다.

사업의 세계에서 경쟁을 피할 수 있는 방법은 없다. 그러나 자신의 사업에 집중하기에도 버거운 초보 사장이 경쟁을 고려하면서 사업을 한다는 것은 생각만으로도 스트레스다. 그래서 사업 준비 과정부터 틈새시장niche market을 찾는 것은 물론이고, 자신이 선택한 영역에서 마치 경쟁이 없는 것처럼 운영할 수 있는 방식도 함께 모색해야 한다. 먼저 경쟁의 상황에 임하는 사장의 기본 태도부터 생각해 보자.

자기 사업의 정체성을 분명히 하라

경쟁을 고려해서 사업을 진행해야 하는 사장이 가장 먼저 질문하고 답할 것은 '내 비즈니스는 무엇인가?'다. 사장은 먼저 사업의 정체성identity을 분명히 해야 한다. 사업 정체성이란 '이 기업은 무엇을 하는 곳'이라는 고객 인식perception이다. '고객 관점으로 어떠한가?'를 아는 것은 경쟁력을 강화하는 큰 힘이다. 지금 내가 하고 있는 사업이 고객의 관점에서 무엇인가에 대한 대답이 명쾌할수록 사업 진행이 쉬워진다.

자신의 고객이 어느 시점에서 어떤 방식으로 원하는 답을 듣고 싶을까를 상상할 수 있고, 그 고객이 듣고 싶은 말을 답으로 제시할 수 있으면 일은 늘 쉬워진다. 생각의 중심을 자신이나 자신의 기업에서 철저하게 고객의 필요와 관심으로 이동시키라는 뜻이다. 그래서 마케팅 수업의 기초로 배우는 4P(제품product, 가격price, 유통place, 판촉promotion)도 고급 과정으로 가면 4C(고객 효용customer value, 고객 총비용cost to the customer, 고객 편의성convenience, 의사소통communication)로 바꾸어서 생각하고 행동할 것을 강조한다.

생각의 중심이 저절로 고객으로 이동하는 경우도 있다. 내게도 그런 시절이 있었다. 20대 후반에서 30대 초반에 마이크를 들고 행사를 진행해야 하는 일이 많았는데, 무대에 서면 청중이 무슨 말을 듣고 싶어 하는지 그냥 느껴질 때가 많았다. 그때는 별다른 노력을 기울이지 않아도 상대의 반응과 호응을 쉽게 얻을 수 있었다.

한 경영자는 20대 중반 여성을 타깃으로 하는 브랜드에 평소 옷 잘 입고 감각 있는 20대 중반의 여성 디자이너를 책임자로 임명한 다음에, 자신이 입고 싶은 옷을 마음껏 디자인해 보라고 제안했다. 그 결과 20대 여성들에게 큰 호응을 얻을 수 있었다. 경험 적은 젊은 경영자의 재치 있는 시도로 의미 있는 결과를 얻을 수 있게 된 것이다. 자신의 사업을 고객 관점으로 생각하는 시도와 노력은 늘 좋은 결과를 얻을 가능성을 높여준다.

누가 고객인가를 묻고, 그 고객들에게 내 회사는 무엇을 하는 곳인가에 대한 고객의 인식을 확인하고, 그 고객들에게 내 회사의 강점과 장점을 어필하는 것이 경쟁에 임하는 기본적인 자세다. 그래서 생존의 리더십을 발휘하는 사장은 고객의 상식 범위에서 사업의 '정체성'을 분명히 하고, 고객 관점에서 의미 있는 '1+2 강점'을 확보하는 사업 방식을 정립할 수 있으면 강해진다.

경쟁에서 우위를 차지하는 '1+2 강점' 전략

경쟁에서 자유로워지고 싶은 기업이 구축해야 할 첫 번째 강점은 기업이 전략적으로 선택한 변수가 목표 고객의 만족 블랙박스 변수에 존재해야 한다. 미국의 월마트나 한국의 이마트는 그 강점을 '가격'으로 선택했고, 노드스트롬 백화점은 '서비스'를 선택했다. 그렇게 선택한 영역에서는 'No.1'이라고 평가를 받을 때까지 지속적으로 노력하고, 'No.1'의 위치를 차지한 후에도 그 강점을 강화해 위치를 지키려는 노력을 멈추지 않는다. 고객 관점에서 의미 있고, 사업에서도 전략적으로 의미 있는 딱 한 가지 강점을 분명히 하는 것이다.

이러한 전략은 대규모 기업에서만 통하는 것이 아니다. '이 골

목에서 가장 ○○한' 또는 '7급 공무원 중 가장 유능하다고 평가받는'처럼, 특정 영역에서 'No.1'을 추구하고 어필하는 방식은 늘 유용하다. 물론 고객이 그 제품이나 서비스를 경험했을 때 '정말 그렇군!' 하고 공감할 수 있어야 그 어필이 유효하게 작용한다.

'1+2 강점' 전략에서 나머지 두 개의 강점은 고객의 불만족 블랙박스에서 답을 찾을 수 있다. 그런데 고객들은 자신의 본심이 담긴 만족 블랙박스를 드러내지 않고 불만족 블랙박스 변수들 때문에 거래를 한다는 식으로 표현하기도 한다. 이때 만족 블랙박스 변수의 역할이 직접적으로 돈을 지불하는 거래를 만드는 것(앞부분 '1')이라면, 불만족 블랙박스 변수(뒷부분 '2')는 잠재고객의 평판에 관여한다. 따라서 나머지 2개의 강점에는 기업이 실현하기 용이한 변수를 선택해서 자기 기업의 강점으로 만드는 행동이 필요하다. 거래의 본질과는 거리가 있지만 고객들이 다른 사람들에게 부담 없이 긍정적인 의견을 전달하는 요소가 될 수 있기 때문이다.

그래서 '1+2 강점' 전략에서 두 번째와 세 번째 강점은 자기 기업의 문화나 행동 양식 등에서 이미 충분히 익숙하고 기업 내부에 축적되어 있는 역량을 잠재 고객들이 받아들일 수 있는 방식으로 드러내면 된다.

고객에게 최선을 다하는 것이 당연한 기업 문화 만들기

보편적으로 경쟁자로부터 고객을 지키는 가장 현실적인 행동은 '있을 때 잘하기(현재의 고객에게 최선 다하기)'다.

> 손님이 만족할 때까지 교환 및 환불하는 것이 원칙입니다. 하루 지난 상품을 가지고 와서 바꿔달라고 해도 흔쾌히 응합니다. 보관 방법을 몰라서 제품에 문제가 있다고 무조건 화내는 손님의 불만을 먼저 잘 들어줍니다. 그러면 그 상품이 잘못된 이유를 알게 됩니다. 죄송하다고 고개를 숙이며 새로 나온 상품을 하나 덤으로 드립니다. 시간이 지나 손님이 자신의 보관 실수를 깨닫게 되면 그 손님은 단골손님이 될 가능성이 높아집니다. 손님이 그런 실수를 되풀이하지 않도록 조언하는 것도 잊지 않습니다. 가격이 조금 비싸더라도 최고의 제품만을 준비합니다. 고객을 대신한다고 생각합니다.

위 사례처럼 기업이 'No.1'을 추구하고 노력하는 전 과정을 통해서 자연스럽게 '이기는 기업 문화'가 만들어진다.

내가 직접 '고객이 떠나는 때'를 경험해 본 적도 있다. 내가 경영자들과 함께 공부할 때 빠지지 않고 구입하는 필독서가 있다. 그런데 늘 구매하던 'No.1' 온라인 서점에서 품절돼 있어 해당 출판사에 연락해 물어보았다. 그러자 해당 서점의 요구조건이 맞지 않아 더 이상 그곳에는 납품을 하지 않게 되어 다른 온라인 서점에서 구입해야 한다고 했다. 해당 서적이 꼭 필요했던 나는 새로운 사이트에서 회원가입을 하고 스터디에 필요한 책을 주문해야 했다. 이제 한 곳이 아니라 두 곳에서 스터디용 책을 찾아야 하는 번거로움이 생겼다. 이유를 설명하기 어려운 짜증이 일었다.

이 과정에서 한 가지 깨달은 것이 있다. 경쟁자에게서 고객을 지키는 핵심 요령은 '고객에게 최선의 상황이 이루어지게 하는 지속적인 노력'이라는 것이다. 고객의 필요와 경쟁자의 느슨한 운영에서 고객들이 이탈하는 틈새가 생길 수 있다. 그래서 기존의 'No.1' 기업들이 상식적으로 손해를 보는 정책임에도 이를 중단하지 않고 계속 운영하는 것이다. 기업들이 'No.1'의 타이틀을 차지하고 유지하기 위해서 기를 쓰는 것은 'No.1'이라는 타이틀이 고객의 인식 속에 강력한 차별화 요소로 인식되기 때문이다. 실제로 'No.1'은 '최초the first'보다도 더 쉽고 강하게 받아들여지는 경향이 있다.

경쟁이 없는 것처럼 사업을 진행하는 방식은 없을까?

경쟁자에게서 고객을 지키는 기본은 '스스로 잘하기'(있을 때

그림 4-1

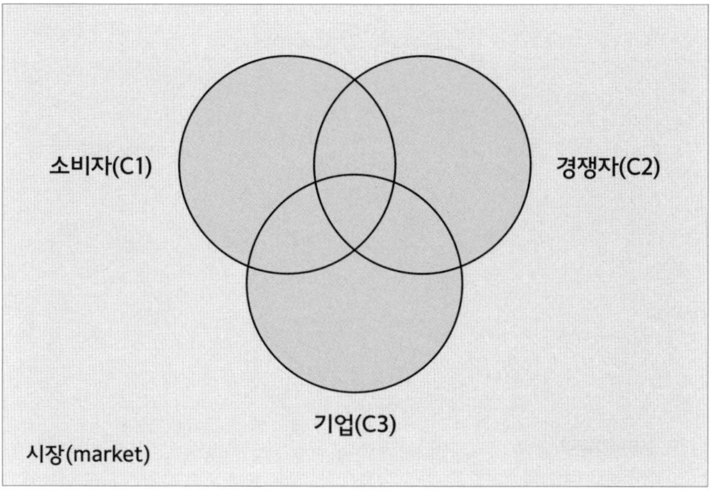

잘하기)와 '경쟁자와의 차별화'에 있다. 스스로 잘하기는 그렇다 쳐도 기업이 현실에서 어떻게 차별화를 이룰 수 있는가는 늘 어려운 과제다. 차별화는 선언한다고 해서 이루어지는 것이 아니기 때문이다. 만약 자신의 개성이 차별화로 받아들여지는 상황과 환경이 조성되어 있다면 최고의 환경에 놓여 있다고 생각해도 좋다. 이때 경쟁자와 다툼이 치열한 레드오션red ocean을 당연한 것으로 생각하지 않고, 경쟁이 존재하지만 영향을 받지 않는 방식으로 사업을 시작하고 지속하는 방법을 생각해 보자.

이해를 쉽게 하기 위해 세 개의 원이 있는 '3C' 그림을 보자(그림 4-1). 첫 번째 원은 소비자(C1)의 원이고, 두 번째 원은 경쟁

그림 4-2

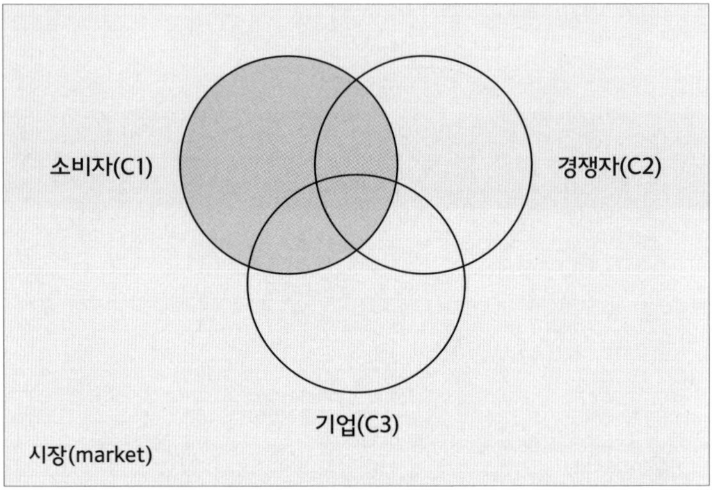

자(C2)의 원이며, 세 번째 원은 기업(C3)의 원이다.

먼저 자신의 비즈니스가 소비자의 원(C1)에 속해 있어야 한다. 소비자들이 비용을 지불할 만큼 가치가 있어야 한다는 뜻이다. 기존 소비자들은 어떤 이유로 돈을 지불하고 있는지, 내 아이템에 기꺼이 돈을 지불하려고 하는지 파악해야 한다(그림 4-2).

그다음은 경쟁자의 원에 속한 경쟁자(C2)가 누구인지 알아야 한다. 내가 아무리 좋은 상품을 제공해도 경쟁자가 나보다 더 저렴한 가격에 같은 상품을 제공하거나 같은 가격에 더 질 좋은 상품을 제공한다면 소비자들은 경쟁자의 편으로 돌아설 것이 뻔하다. 그러므로 소비자 입장에서 의미 있는, 경쟁자와의 차별

그림 4-3

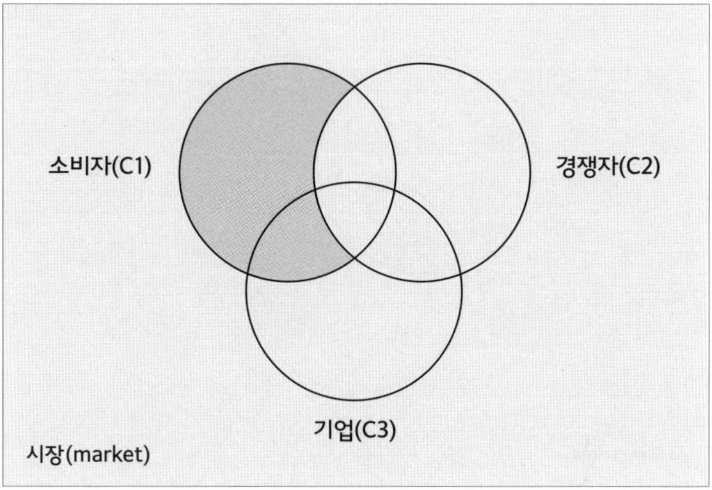

점이 있어야 한다(그림 4-3).

비즈니스에서 실패하지 않으려면 소비자의 원과 기업의 원이 교차하는 부분에서 시작해야 한다. 그리고 기업의 원(C3)에서는 강점을 유효하게 활용하고 단점은 드러나지 않도록 사업 모델을 구축할 수 있어야 한다. 자신의 강점을 활용하거나, 변화하는 외부 환경에 능동적으로 대처할 수 있는 조직 체계를 갖추는 것이 가장 좋다. 그리고 그것이 기존 경쟁자와 차별화되어 있다면 성공에 더 쉽게 접근할 수 있다(그림 4-4).

이 그림의 방식으로 이해하면 객관적으로는 경쟁이 존재해도 사업을 실행하는 구체적인 환경에서는 경쟁이 없는 것처럼

그림 4-4

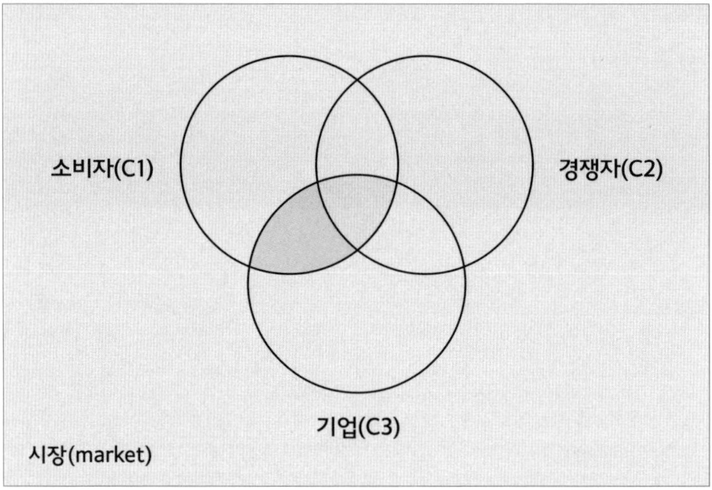

행동할 수 있다. 실제로 경쟁자들이 흉내 내기 어려운 자기 강점에 기반을 둔 비즈니스라면 상당 기간 동안 성공을 지속할 수 있을 것이다.

소비자들이 기꺼이 돈을 지불할 의사를 갖게 만들고, 경쟁자와 차별성을 유지하면서, 자신이 강점을 가진 아이템과 비즈니스 모델을 구상하고 실행해야 한다. 이것이 경쟁의 영향을 받지 않고 사업을 시작하는 준비 단계가 된다.

05 호의적이지 않은 사람들과 일하기

자신이 일에 있어 프로professional가 되었다는 것을 언제 확인할 수 있을까? 기업 외부적으로는 재주문을 받는 상황을 만드는 것이고, 기업 내부적으로는 자신에게 호의적이지 않은 사람들과 일하는 상황에 익숙해지는 것이다. 그런데 이 두 가지 상황 모두 실력이 뒷받침되지 않으면 반복하거나 지속하기 어렵다. 그런 상황을 만들고 유지할 수 있는 가장 기본적인 태도는 '필요에 집중하는 자세'다.

진짜 필요를 파악하기 위해 노력하라

조금 더 정확하게 표현하면 '진짜 필요를 파악하고 구체적으로 행동하는 것'이다. 사람과 조직에서 겉으로 드러난 필요와 진짜 필요를 구분하고 캐치할 수 있으면 언제나 이기는 사람으로서 다른 이들과 관계를 맺을 수 있다. 그렇게 지속할 수 있는 가장 큰 요령은 '상대가 자신에게 해주길 원하는 것을 먼저 하라'는 골든룰golden rule을 자신의 삶에서 반복하는 것이다. 그러나 골든룰을 실행하고자 하는 사람이 먼저 익숙해져야 할 'before' 단계가 있다. 실버룰silver rule, 즉 '상대가 자신에게 하지 않기를 바라는 것을 하지 않는 것'이다.

실버룰이 생활화되지 않은 사람이 골든룰을 실행하려고 하면 시행착오와 어려움을 겪는다. 그 이유는 사람마다 바라는 것이 모두 같지 않다는 사실을 놓치는 경우가 많으며, 상대가 원하는 것이 무엇인지 잘 안다는 생각이 착각인 경우가 잦기 때문이다. 또한 상대에게 유익하거나 도움이 되는 행동을 하려는 동기가 오히려 관계를 어렵게 하기도 한다.

골든룰이 훨씬 상위 가치에 있는 것은 맞다. 그러나 실버룰이 먼저 익숙해진 상태에서 골든룰을 자신의 생활 습관으로 쌓는 노력을 하는 것이 실행의 관점에서 훨씬 더 현실적이다. 실제로 내가 대표로 활동할 때면 꼭 강조하는 것이 있다. '공적인 일에 개인 돈을 쓰지 말라'는 것이다. 만약 누군가 공적인 일에 개인 돈을 쓰는 것을 발견하면 나는 매우 크게 화를 낸다. 반대로 개인적인 일에 공금을 사용하는 모습이 발견되면 조용히 지적하고 손실분을 채울 것을 요구한다.

사소한 일인 것 같지만 이러한 행동에는 이유가 있다. 쓸 만한 사람을 잃을 수도 있기 때문이다. 공적인 일에 자신의 개인 돈을 쓰는 사람은 대부분 타이밍을 놓치지 않으려는 적극적인 태도의 사람인 경우가 많다. 그러나 그러한 행동이 반복되면 어느 순간 자신이 손해 보는 상황들에 대해서 보상 심리가 발동되어서 결정적인 순간에 문제의식 없이 일탈 행동을 하게 된다. 사장의 입장에서는 결과적으로 사람을 잃게 되는 상황이 벌어질 수 있다. 그래서 공적인 일에 개인 돈을 쓰는 상황을 조심하라는 것이다(예상되는 부정적인 미래를 예방하기 위함이다).

긍정의 메세지를 전달하는 방식을 연구하라

성과를 요구받는 상황, 경쟁하는 상황, 호의적이지 않은 사람들에 둘러싸여 일하는 사장의 경우, 함께 일하는 직원들에게 긍정의 메시지를 전달하는 방식에 대해서 많이 생각하고 방법을 강구하기 위해 특히 더 노력해야 한다. 지시만 하는 것이 아니라 직원들이 최대한의 공헌을 하려면 무엇을 어떻게 해야 하는지 구체적으로 말해주어야 한다. 사장이 먼저 근면한 태도를 보이면서, 자유로운 아이디어 교환을 통해서 다양하게 창의적으로 접근할 수 있다는 것을 직원들이 느끼고 경험하게 해야 한다. 질책을 할 때도 초점을 분명히 하되 자신만의 스타일에 맞는 방식을 개발해야 한다. "자네가 나라면 어떻게 하겠는가?"를 묻고, 노력을 기울여도 여전히 불손한 태도의 사람은 떠나보내야 한다.

사장은 목표와 초점을 분명히 하되, 직원들이 맡은 일에서 자유와 재량을 가지고 일하게 함으로써 신뢰를 보여줄 수 있다. 그들의 스타일을 표현할 공간을 제공하면 훨씬 신나게 일한다.

직원들이 항상 긍정적인 말만 전해야 한다고 생각하지 말라. 오히려 즐겁지 않은 소식을 얼마나 신속하게 들을 수 있느냐가 중요하다. 기쁘지 않은 소식도 자유롭게 보고할 수 있는 분위기를 만들어주어야 한다. 중요한 정보를 고객과 직원들에게서 여과 없이 들을 수 있는 환경에 사장 스스로를 노출시키는 것을 두려워하면 안 된다. 사장이 어떤 업무가 중요하다는 것을 보여주지 않으면 직원들은 그 일이 중요하다고 믿지 않는다.

그 사람의 드러난 강점을 최대한 활용하라

일거리를 물어오는 외부형 사람과 물어온 일거리를 잘 처리하는 내부형 사람이 있다. 보통 두 가지를 모두 잘하는 사람은 드물다. 각자를 그 역할에 맞추어 잘 활용하는 것은 사장의 몫이다. 그 과정에서 사장도 직원도 승자처럼 보이고, 승자처럼 행동할 수 있으면 사기가 높아진다. 함께 일하는 사람들에게 자부심을 불어넣어 줄 수 있으면 좋다.

사장이 배우려는 자세를 가지면 그 조직은 생동감을 유지할 수 있다. 사장을 다른 말로 표현하면 '끊임없이 학습하는 사람'이다. 사장에게 선생이 필요 없는 시기는 오지 않는다. 사장과 직원들이 모두 배움을 쉬지 않는 사람이 되고, 그런 사람들로 조직을 계속 채워나가라. 또한 조직 내의 사람들에게서 자랑거리를 지속적으로 찾아내라. 자랑거리가 있다는 것은 돈만큼이나 중요하다.

만약 사장이 부하 직원들을 고객 대하듯이 할 수 있다면 호의적인 관계는 전혀 어렵지 않다. 직원들을 기업의 장기적인 목표를 달성하는 데 필요한 고객으로 생각할 수 있으면 사장의 태도는 저절로 겸손해진다. 실제로 직원들은 월급만을 바라는 존재가 아니다. 사장의 인정을 받기 위해서 일하는 존재인 경우가 더 많다. 때로는 화를 북돋는 직원들이 나타나기도 하겠지만, 가능하다면 화내지 말고 복수도 말라. 복수를 생각하는 순간 마음 속 분노가 더 소중한 것들을 빼앗아 간다. 적들을 용서할 수 없다면 차선책으로 그들을 잊어버려라.

2장

사장의 개인 리더십
: 사장이 먼저 효율적으로 일해야 한다

기업에서 벌어지는 모든 행동은 닭(사장)이 먼저다.
그 닭이 알을 낳고, 알이 부화해서 다시 새끼 닭으로 자란다.

사장이 자신의 위치에서 공헌할 것의 초점을 분명히 하고
자신의 시간·집중·강점·성과를 중심으로 의사결정을 반복하면
사장의 행동은 성숙해지고
직원들은 그 모습을 보고 배운다.

2장의 내용 중 많은 부분이 피터 드러커의 1966년 저작 『the Effective Executive』에서 영감을 받고 배운 것들임을 밝힌다.

06 습관이 된 것만 자기 것이다

"통장에 얼마가 들어오느냐가 아니라 통장에 얼마가 남았느냐가 중요하다." 이제 막 사회생활을 시작한 직장인 1년차 아들에게 내가 강조하는 말이다. 정기적인 수입원이 없던 학생 시절과 달리 매달 월급이 통장에 입금되며 이전에 비해서 가용 현금(가처분소득)이 늘어난 아들에게 돈 사용에 대한 객관적인 초점을 알려주기가 쉽지 않다. 과거에 아들이 재수생활을 시작했을 때 '학원 선생님이 잘 가르치는 것과 네 실력이 느는 것이 비례하지는 않는다'를 강조했던 때와 비슷한 느낌이다. 집을 떠나서 객지 생활을 시작한 아들에게 올바른 습관을 만들어주기 위해 아버지로서 어디까지 어느 정도의 강도로 조언하고 강조해야 할지… 마음속 갈등이 생긴다.

사장은 어떤 습관을 가져야 하는가?

CEO 가정교사로서 사장의 개인 리더십을 설명하면서 제일 먼저 강조하는 것은 '습관이 된 것만 자신의 것'임을 사장이 받아들이도록 하는 것이다. 우리는 보통 머리로 이해하고 스스로 중요하게 생각하면 '알고 있다'고 생각한다. 그러나 실행의 현장에서 리더로 활동하는 사장은 '습관이 된 것만 내 것'으로 사고체계를 바꿔야 한다! 그것이 개인의 영역이든 조직의 영역이든 습관이 된 것만 자신의 것임을 바로 알아야 한다. 습관이 되었다는 것은 어떤 행동의 시작점으로 자리 잡아 특정 상황을 만났을 때 무의식적으로 반응하는 상태가 되었음을 말한다. 말 그대로 몸에 밴 상태를 뜻한다.

사장의 개인 리더십이란 사장이 어떤 습관을 가져야 하는가에 대한 것이다. 습관은 태생적인 강점과 동일한 형태로 작용한다. 실제로 좋은 습관을 갖는 것은 좋은 무기를 몸에 장착하는 것과 같다. 사람은 자신의 생각을 따라 행동하고 초점이 분명한 행동을 반복하면서 습관을 형성한다. 그래서 사장으로서 바람직한 습관을 만들기 위한 시작점은 자신에게 필요한 생각이 무엇인가를 질문하는 일이다. 생존의 리더십을 발휘하는 사장이 스스로에게 했던 질문이 "어떻게 들어오는 돈을 나가는 돈보다 많은 상태로 유지할 것인가?"였다면, 개인 리더십을 발휘하기 위한 사장의 질문은 "현재의 위치와 상황에서 내가 공헌할 것이 무엇인가?"다. 그리고 자신이 찾아낸 답을 실행으로 옮기면 된다.

그러나 기업의 규모와 상관없이 사장은 늘 바쁘고 일상 업무에 쫓기며 산다. 특히 조직의 많은 사람이 사장의 시간을 요구한다. 그래서 사장 스스로 태도를 분명히 하지 않으면 혼잡한 출근길 지하철에서 떠밀려 가듯, 자신의 의사와 관계없이 조직 내 사람들의 요구에 응하면서 떠밀려 가는 하루살이의 삶을 반복할 위험성이 높다.

실제로 사장의 시간은 자신의 것이면서 동시에 조직 내 사람들과 공유해야 하는 공공재의 성격을 띤다. 따라서 사장은 자신의 시간을 효과적으로 사용하는 방식을 연습하고 훈련해야 한다. 자신의 가용 시간을 파악하고 배분해서 필요의 우선순위에 따라 사용하는 데 익숙해져야 한다. 이미 시스템적으로 성과를 반복하는 영역을 제외하고는 사장의 시선이 있는 곳이 기업의 성과 영역이 될 가능성이 높다. 따라서 사장은 자신의 시간을 기업의 희소한 자원으로 관리해야 한다. 사장의 덩어리 시간과 자투리 시간을 사용하는 방식이 기업의 필요와 잘 연결될 수 있을 때까지 지속적으로 개선하고 관리해야 한다.

한 사람의 강점을 기회로 활용해야 한다

사장이 자신이 '공헌'할 바가 무엇인지 아는 것, 그리고 가장 희소한 자원인 사장의 '시간' 사용의 의미와 가치를 알고 적절한 방식을 습득하는 것에 더하여, 한 사람의 '강점'을 기회로 활용하는 것과 성과를 올리는 최고 비결이 '집중'임을 명확히 알고 활용하는 것이 사장의 습관이 될 수 있도록 노력해야 한다. 사장이 자기 자신은 물론 같이 일하는 사람들의 강점을 주목해야 하는 이유는 그 강점이 성과를 만드는 주요한 요인이기 때문이다. 특히 조직으로 일하는 기업에서 약점을 의미 없게 만들고 각 개인의 강점들을 엮어서 전체 성과로 연결하는 운영 방식은 곧 사장의 역량과 동일하게 평가받는다.

각 개인이 자신의 필요 역할에 집중할 수 있는 환경을 조성하는 것, 그리고 자신의 공헌에 초점을 맞추는 것을 좋은 인간관계의 기준으로 삼도록 만드는 것이 사장의 주요 역할이다. 팀워크와 의사소통, 자기계발, 인재 육성 등 기업 내에서 성과를 올리기 위한 대부분의 활동이, 자신이 공헌할 바에 초점을 맞췄을 때 형성되는 생산적인 관계에서 비롯됨을 알아야 한다. 그 시작점이 바로 사장의 개인 리더십이다.

사장은 '되게 하는 사람'이다

사장은 리더leader다. 리더란 따르는 사람이 있는 존재를 말한다. 사장은 비즈니스 조직의 리더로서 기업에 속한 무리가 나아갈 방향을 정하고 행동할 순서를 정한다. 또한 나아갈 때와 멈출 때를 정한다. 사장이 유능해야 하는 이유는 사장의 존재가 조직의 성과는 물론 생존과 부침에 가장 큰 영향을 끼치는 위치이기 때문이다.

나는 사장을 '되게 하는 사람'으로 정의definition한다. 그리고 그가 조직에서 되게 하는 사람의 역할을 감당할 수 있는 요건과 환경이 무엇인가를 연구한다. 그래서 나는 'CEO 가정교사'로서 사장들에게 도움이 될 수 있는 생각과 접근 방식들을 시도하는 삶을 살아왔다. 바른 생각을 가지고 적절한 행동을 하는 사장 한 명의 가치를 직간접적으로 경험했기 때문이다. 또한 비즈니스적 사고가 필수가 된 현대 사회에서 사장의 위치를 가진 사람들을 통해 우리가 사는 세상을 더 나은 방향으로 이끌 수 있다고 생각하기 때문이다.

리더를 어떤 특정한 자격이 있는 사람이나 특정 역량을 갖춘 사람으로 규정하는 것은 적절치 않다. '카리스마'를 최고의 리더십 유형으로 인식하는 세간의 상식은 왜곡된 것이다. 오히려 자신에게 주어진 상황과 환경에서, 자신이 공헌할 바를 알고 그것에 초점을 맞추어 행동하는 것이 리더십의 정의로 더 적절하다.

실제로 리더십의 본질은 '성과'다. 리더십 자체는 하나의 수단일 뿐이며 최상의 리더십이 별도로 존재하는 것이 아니다. 목표에 접근하는 방식으로서 전략의 의미와 가치를 평가할 때와 유사하다. 목표에 도달할 수 있는 전략이 가치 있는 것처럼 함께 일하는 사람들에게서 최고를 이끌어내는 임무를 수행하는 리더십이 최고의 리더십이다.

이제 사장이 성과를 내는 리더로 작용하고 기능할 수 있는 개인 리더십의 구체적인 내용들을 함께 알아보자.

07 사장에게는 덩어리 시간이 필요하다

——————— 사장은 전술tactic과 전략strategy을 구분해서 이해하고 행동해야 한다. 전술이 구체적인 실행 역량이라면 전략은 그러한 전술적 역량들을 묶어내는 방식이다. 전술은 실제로 존재하는 가시적 역량이고, 전략은 목표를 달성할 수 있느냐 없느냐에 따라 가치와 의미가 달라진다. 그런데 모든 전략은 그 전략을 실행할 수 있는 전술적 역량이 없으면 무용지물이다. 그래서 모든 전략은 자신이 가용하고 통제할 수 있는 전술적 역량들을 기반으로 한다.

전쟁의 역사에서 징기스칸은 자신이 능숙하게 사용할 수 있는 기마병을 전략의 중심에 두었고, 포병 장교 출신 나폴레옹은 자신이 능숙하게 사용할 수 있는 포병을 전략의 중심에 두었다. 개념적으로는 전략이 전술의 상위 개념이지만 실제 상황에서는 자신이 능숙하게 쓸 수 있는 전술적 역량이 무엇이냐에 따라서 전략이 달라진다. 그래서 사장은 자신의 가용 자원이 무엇이며 어느 정도의 크기와 양을 가지고 있는지 먼저 확인해야 한다.

내게 2장의 내용을 정리할 수 있도록 가르침을 준 드러커는 전략을 '가용 자원 사용 우선순위의 결정'이라고 정의한 바 있다. 매우 통찰력 있는 정의라고 생각해서 나 역시 그 정의를 내 것으로 소화하고 활용한다. 어떤 목표를 갖고 행동하려면 자신이 활용할 수 있는 자원이 무엇인지 알고, 그 자원들을 사용할 우선순위를 정해야 한다. 그래서 사장의 개인 리더십 정립은 자신의 역할(공헌할 바)을 아는 것과 자신의 가용 자원을 아는 것에서 시작한다.

최소 자원의 크기가 산출의 크기를 결정한다

저수지에 담긴 물의 양과 관계없이 저수지 배출구의 크기가 실제 방류량을 결정한다. 최소 자원의 크기가 결과의 크기를 결정하는 것이다. 이것은 우리의 일상생활에서도 자주 경험할 수 있다. 대형마트 캐셔의 숫자가 단위 기간당 매출액을 결정한다.

대부분의 국제공항 입국장에서는 자국민 입국 부스와 타국민 입국 부스의 수를 다르게 해서 자국민을 우선한다. 여러 명의 사람이 몰리는 접수 창구에서는 한 줄 서기로 기다리는 사람의 순서가 바뀌지 않도록 유의한다. 이러한 방식들은 모두 최소 자원의 크기가 결과의 크기를 결정한다는 원리를 알고 활용하는 모습이다. 사장이 자신의 역할에 집중하기 위해서 먼저 확인해야 할 것은 사장으로 기능할 수 있는 '가용 시간의 크기'다.

어떤 일의 진행에 필요한 시간의 크기와 양을 가늠하는 것은 중요하다. 가용 자원으로서 자신이 가진 시간의 크기를 확인해야 하기 때문이다. 필요를 확인한 후에는 시간을 관리managing해서 불필요하고 비생산적인 요소들을 없애야 한다. 또한 자신이 사용할 수 있는 시간을 가능한 한 큰 덩어리로 모아야 한다.

1. 어떤 일에 필요한 시간의 크기와 양 가늠하기
2. 시간을 관리해서 불필요하고 비생산적인 요소 없애기
3. 가용 시간을 가능한 한 큰 덩어리로 모으기

이 세 단계가 사장이 익숙해져야 할 시간 관리의 'before'다. 자신이 사용할 수 있는 덩어리 시간을 확인하고 확보하는 것이다. 앞서 언급했듯이 가장 부족한 자원이 성과의 크기를 결정한

다. 대부분의 사장에게 가장 부족한 자원은 돈 이전에 '시간'이다. 실제로 사장의 시간은 공공재의 성격을 갖는다. 조직 내의 많은 사람이 사장을 통해서 일을 진행하고 문제를 해결하려는 경향이 강하기 때문이다. 그런데 현실의 사장들은 시간 관리에 대해 막연한 필요를 느낄 뿐 구체적인 방법을 잘 알지 못한다.

덩어리 시간을 확보하라

사장의 시간 관리 훈련은 자신의 실제 시간 사용을 기록하는 것에서 시작한다. 시간 관리의 초점은 세 가지다.

1. 시간을 기록한다.
2. 시간을 관리한다.
3. 가용 시간을 묶어서 덩어리 시간으로 만든다.

그런데 많은 이들이 사용 시간을 기록하는 단계부터 어려움을 겪는다. 비서가 있어서 사장의 시간 사용을 기록하지 않는 한 사장 스스로는 시간을 어떻게 사용하고 있는지 파악하기 어렵다. 가계부를 쓰고 나서야 자신의 돈 사용 실태를 알게 되는 것과 비슷하다. 그래서 사장의 시간 관리 1단계는 '기록'이다. 사장 스스로 적절한 방법을 찾아서 현재 사용하고 있는 시간을 기록

그림 7-1

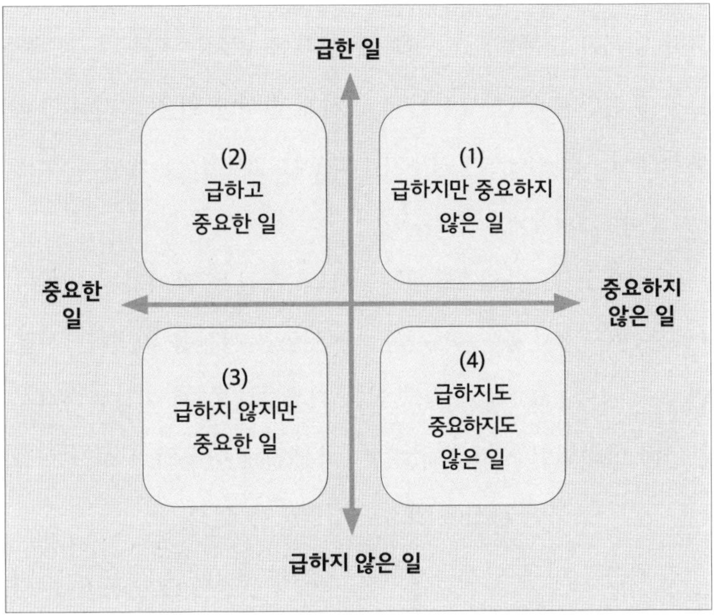

해야 한다.

기록을 마쳤다면 자신의 시간 사용 기록을 분류해야 한다. 분류의 기준은 '급한 일'과 '중요한 일'이다. 1사분면에는 '급하지만 중요하지 않은 일'에 사용한 시간을 기록한다. 2사분면에는 '급하고 중요한 일'에 사용한 시간을 기록하고, 3사분면에는 '급하지 않지만 중요한 일'에 사용한 시간을 기록한다. 그리고 마지막 4사분면에는 '급하지도 중요하지도 않은 일'에 사용한 시간을 기록한다(그림 7-1).

급한 일이란 바로 처리하지 않으면 문제가 생기는 일이다. 중요한 일이란 구체적으로 성과에 영향을 미치는 일이다. 그런데 보통 훈련받지 못한 사장들은 급하게 발생한 일을 처리하는 데 우선해서 시간을 쓰는 경우가 많다(예고 없이 찾아온 20년 지기 고향 친구를 어찌 그냥 보낼 수 있겠는가?).

사장의 시간 관리 2단계는 자신의 시간을 관리하는 것이다. 4사분면(급하지도 중요하지도 않은 일)에 쓰던 시간을 없앤다. 1사분면(급하지만 중요하지 않은 일)의 일을 다른 사람에게 이양한다. 4사분면에 낭비되던 시간을 없애고 1사분면에 사용하던 시간을 줄이는 것은 조금만 관심을 가져도 실행할 수 있다.

문제는 그다음 단계다. 2사분면(급하고 중요한 일)의 일들을 바라보는 사장의 태도가 바뀌어야 하기 때문이다. 내 경험에 의하면 열심히 하는 사장들 대부분이 2사분면에 집중해 자신의 시간을 사용한다. 그런데 이 부분에 변화를 주어야 한다. 해결법은 2사분면에 사용하던 시간을 3사분면(급하지 않지만 중요한 일)으로 이동시키는 것이다. 내일 진행할 경쟁 PT를 오늘 준비하는 것은 '급하고 중요한 일'이지만, 그 준비를 어제 끝냈으면 '급하지 않지만 중요한 일'이 된다. 즉, 성과에 영향을 주는 일들을 '급하지 않지만 중요한 일'의 위치로 이동시키는 것이다.

이제 마지막 3단계는 그렇게 확보한 가용 시간들을 묶어서 덩어리 시간으로 만든다. 그리고 그 덩어리 시간을 조직의 성과에 직간접적으로 영향을 미치는 중요한 업무에 우선적으로 할애하는 것이다.

성과를 지향하는 사장이 시간 관리 요령을 필수적으로 습득해야 하는 이유가 있다. 기업 운영에 영향을 미치는 중요한 일들은 결코 자투리 시간으로 해결할 수 없다. 그래서 사장의 시간 관리는 지속적으로 실행되어야 한다. 사장의 시간이 기업의 희소한 자원이기 때문이다. 사장은 자유롭게 사용할 수 있는 덩어리 시간의 크기를 파악하고, 기업의 희소자원인 자신의 시간을 의미 있게 사용하는 적절한 습관을 갖기 위해 힘써야 한다. 그것이 사장의 습관이 되고 조직의 일처리 방식이 되기 위한 의지와 노력이 필요하다.

08 기회의 영역에 힘을 집중하라

———————— '집중'은 평범한 인간이 성과에 접근할 수 있는 가장 유용한 방식이다. 그래서 사장은 자기 자신은 물론 함께 일하는 직원들이 집중해서 일할 수 있는 구체적인 방법과 환경을 만들기 위해 노력해야 한다. 만약 한 개인이 집중을 넘어 '몰입'해서 일하는 것에 익숙해지면 개인은 물론 그가 속한 조직도 늘 평균 이상의 성과를 반복할 수 있다.

조직의 성과를 높이는 '집중'

그러면 사람은 어떻게 집중해서 일할 수 있는가? 먼저 집중을 방해하는 장애물을 제거해야 한다. 바로 앞장에서 설명한 것처럼, 1사분면(급하지만 중요하지 않은 것)의 일들을 비서나 다른 사람에게 이양해서 사장의 시간 사용에 걸림돌이 되지 않도록 처리한다.

다음으로는 집중을 위해서 한 번에 한 가지씩 일을 처리하는 방식에 익숙해지는 것이다. 동시에 여러 가지 일을 수행하는 컴퓨터도 구체적인 실행 단계에서는 스풀링spooling(대기열 관리) 방식을 통해 각각의 일들을 작은 조각으로 나누어서 처리하게끔 구동된다. 결국 많은 일을 동시에 처리하는 것으로 보이는 컴퓨터 역시 한 번에 한 가지씩 일을 처리하는 방식을 기초로 하고 있음을 알 수 있다.

사장은 해야 할 일에 둘러싸여 있는 경우가 보통이다. 그럴수록 한 번에 하나의 일에 집중할 때 더 많은 일을 할 수 있음을 알고 연습 및 훈련해야 한다. 그래서 바로 앞 장에서 사장이 쓸 수 있는 덩어리 시간의 크기를 파악하는 일과, 중요한 업무에 우선순위를 가지고 시간을 배분하는 일의 중요성을 강조한 것이다. 시간과 노력, 자원을 집중하면 할수록 실제로 할 수 있는 일의 수와 양이 많아짐을 이해하고 자신에게 적합한 실행 방식을 찾으려 노력해야 한다.

내가 CEO 가정교사로 활동하면서 만났던 사장님 중 아주

인상 깊은 분이 있다. 이분은 말 그대로 자수성가를 하셨고, 정규교육을 많이 받지 못하셨다. 특히 영어에 자신이 없어서 회사 규모가 커지면서 영어로 대화해야 하는 모임에 큰 부담감을 토로했다. 그러던 어느 날 내게 한 달에 두 번 만나서 공부하던 새벽 미팅을 1년만 쉬자고 했다. 이유를 물어보니 새벽 두 시간을 영어 공부에 집중하겠다고 했다. 해외 출장 때 별도의 통역 없이 비즈니스 활동을 할 수 있는 상태가 되는 게 목표라는 것이었다.

그 사장님은 매주 참석하던 두 개의 조찬 모임도 모두 멈추고 새벽 두 시간씩 하루도 빠짐없이 노력했다. 50대 후반에 시작한 영어 공부는 일 년이 채 안 되어서 혼자서 해외 출장과 영어로 진행되는 컨퍼런스까지 참여할 수 있는 수준에 다다르는 놀라운 결과를 이루었다. 그분의 끈기와 근성이 참 대단하다고 느꼈고, 그 모습을 옆에서 지켜보며 '집중'의 의미와 성과를 간접 체험할 수 있었다.

조직이 성과를 높이는 방식을 강구할 때도 '집중'은 주요한 방식이 된다. 가능성을 가진 팀에게 힘을 집중해서 구체적인 성과를 이끌어내고, 가시적인 성과가 드러날 즈음에 나머지 전체에게 향상된 성과 기준을 제시하는 것이다. 한 사람이 어떤 것을 달성하고 성취해서 기록을 세우면 다음 사람들은 그 기록을 본보기로 삼고 뒤따른다.

그래서 교육을 통해서 수준을 올리려면 '모델 만들기'가 중요하다. 평균적인 레벨 업level up을 지향하는 교육은 큰 성과를 올릴 수 없다. 하나의 모델 육성에 힘을 기울이는 것이 훨씬 효과적이다. 인간의 한계가 드러나는 운동 경기에서 한 사람이 기존의 벽을 돌파하고 나면, 시간이 지난 후에는 대부분의 선수가 그 기록을 쉽게 넘어서는 모습을 확인할 수 있는 것처럼 말이다.

생산적이지 않게 된 것을 과감히 버리는 '조직적 폐기'

힘을 집중하기 위해서 사장이 기억하고 행동해야 할 중요한 행위가 '조직적 폐기'다. 더 이상 생산적이지 않게 된 과거의 것을 버리는 일이다. 한 개인도 그렇고 기업의 조직도 과거에 좋았던 경험과 추억에서 자유로워지기는 쉽지 않다. 그러나 상황이 바뀌고 환경이 변하는 비즈니스에서 사장은 '우리가 지금까지 이 일을 해오지 않았다면 오늘 우리는 이 일을 시작할 것인가?'를 묻고, 대답이 '아니오'라면 그 일을 가능한 한 빨리 멈추어야 한다.

또한 더 이상 생산적이지 않게 된 일에 투입되는 자원들을 정리해서 내일의 기회가 되는 영역에 투입해야 한다. 사장이 분명한 태도로 오늘의 자원을 내일의 기회에 사용하는 모습을 조직원 모두가 알 수 있도록 노력해야 한다. 더 이상 필요하지 않게 된 것들을 폐기하는 것이 당연한 조직 문화는 사장에서부터 시작되어 만들어진다.

사장이 '집중'의 의미와 가치를 생각할 때 또 하나 살펴야 할 것이 있다. '돌파 역량'이다. 사장이 이전에 일하던 방식을 벗어나서 새로운 시도를 할 때는 먼저 그 일을 할 수 있는 사람(전술적 역량)을 확보해야 한다. 그런데 그런 사람은 대부분 베테랑으로, 예외없이 현재 중요한 영역에서 일하고 있을 확률이 크다(매우 바쁜 사람이다). 그래서 새로운 업무를 받아들이기 어렵다. 결국 사장은 그 사람의 현재 업무를 줄이고 미래의 기회 영역에 투입할지 말지 판단해야 한다. 이때 조직적 폐기가 기업의 문화로 자리 잡은 경우에는 기회를 중심으로 의사결정하고 베테랑 인원을 기회의 영역에 투입하기가 용이하다. 어제의 일로 바쁜 사람을 내일의 기회로 이동시키는 일이 자연스럽고 쉬워지는 것이다.

'집중'이란 가장 중요한 것이 무엇인지 구분하고, 가용 자원의 사용 우선순위를 정하는 전략적 행동을 가능케 한다. 그래서 집중은 용기이며, 사장이 일의 주인이 되는 실용적인 방식이다.

09 잘할 수 있는 것과 강점을 기준으로 삼아라

——————— 사장이 조직의 성과를 이끌어가는 비즈니스 리더로서 개발해야 하는 성품이 있다. 사람의 강점을 바라보고 그 강점을 북돋기 위해 노력하는 것이다. 또 하나는 조직이 잘할 수 있는 것이 무엇인지 파악하는 것이다. '강점'과 '잘할 수 있는 것(전술적 역량)'을 통해야만 성과에 접근할 수 있기 때문이다.

조직의 유용성은 개인의 강점에 주목하고 동시에 개인의 약점을 의미 없게 만드는 데 있다. 그래서 동서양을 막론하고 조직으로 일하는 방식에 대한 연구는 멈추지 않고 계속되어 왔다. 그 과정에서 사장은 강점을 얻기 위해서 그 사람의 약점을 참아내는 것을 당연하게 여기는 연습과 훈련을 해야 한다. 거의 예외 없이 큰 강점을 가진 사람에게는 그에 상응하는 약점이 있기 때문이다.

강점을 도출하고 약점이 드러나지 않게 만들기

과거 내가 직장생활을 할 때 만났던, 아직도 잊을 수 없는 사람이 있다. 유통 할인점의 마케팅 팀장으로 일할 때였다. 지역 주부들이 핵심 고객군인 환경에서 매 시즌 이벤트 행사를 기획할 때마다 고객들이 혹하고 받아들일 수 있는 미끼상품을 선정하는 것이 필요했다. 그때 탁월한 감각으로 적절한 상품을 콕 집어주는 능력자 후배가 있었다. 그는 상품의 원가와 고객들의 예상 반응까지 고려해서 매우 적합한 아이템을 찾아내는 데 뛰어난 감각을 가진 사람이었다.

그런데 그 사람에게는 한 가지 단점이 있었다. 그에게 권한이 주어진 영역에서 일의 흐름을 지나치게 자기중심적으로 왜곡하는 경향이 강했다. 또한 자기 한 사람의 편의를 위해서 다른 이들이 시간을 소모하는 의사소통 방식을 고집해서 여러 사람을 힘들게 했다.

당시 30대 초반이었던 나는 그런 모습을 방치할 수 없다고 생각해 사장님께 건의해서 그가 다른 사람에게 부정적인 영향을 미치지 못하게 하도록 요청했다. 이유를 들은 사장님은 그의 재능을 개인적으로만 발휘할 수 있는 영역으로 이동시켰다. 이후 후배가 자신의 위치가 변경된 이유가 나 때문이었음을 알고 나에게 찾아와 따지던 모습이 지금도 생생하다.

그 반대의 상황도 있었다. 회사 생활 2년 차 때 나는 신설된 홍보·광고 실무 책임자의 역할을 부여받았다. 그런데 사장님이 실무 책임은 내게 맡기면서 내 위로 한 명의 상사를 두는 것이 아닌가. 회사 규모가 작았고 대부분의 일이 사장님과 직접 의사소통을 하며 진행되었기에 왜 내 위에 따로 상사를 두었는지 이해하기 어려웠다. 게다가 그분은 나이에 비해서 지나칠 만큼 온유한 성품 탓에 일을 진행할 때 나는 답답함을 느끼곤 했다.

그런데 한참 시간이 흐른 후에 그 상사로부터 전혀 생각하지 못했던 말을 들었다.

"사장님은 김 주임이 자신의 재능을 충분히 발휘할 수 있는 환경을 만들어주고 싶어 하셨어…."

사장님은 나를 타고난 재능을 가진 사람으로 파악하고, 내가 주변의 환경에 구애받지 않고 일할 수 있는 환경을 만들어준 것이었고, 온유한 성품의 내 상사는 거의 모든 영역에서 나를 존중하고 배려하면서 일할 수 있게 해준 것이었다. 당시 대포 없는 탱크처럼 일을 밀고 나가는 것에만 익숙했던 내가 사장님과 상사분께 큰 배려를 받는 환경에서 일했음을 뒤늦게 깨달았다.

그때 사장님과 상사는 내가 가진 강점이 도출되고 기능할 수 있는 환경을 만들어주는 동시에 내 약점이 드러나지 않도록 배려했다. 반면에 마케팅 팀장으로 일하던 나는 후배의 강점은 인정하면서도 그의 약점을 수용할 필요와 방식에 대해서 무지했다. 만약 그 당시에 내가 조직의 성과와 개인의 강점과의 관계에 대해서 조금이라도 훈련된 상태였다면 후배와 시너지synergy를 얻는 방식으로 일하면서 더 많은 성과를 낼 수 있었을 것이다.

그 사람의 강점이 드러나고 활용되게 하라

사장이 비즈니스 조직을 운영하는 데 있어서 약점보다 강점에 집중하는 것, 자신이 할 수 있는 것을 실행의 중심에 두는 것의 의미와 방식에 대해서 조금 더 생각해 보자.

사장은 개인이든 조직이든 자신의 특기가 무엇인지 알고 자신이 잘하는 방법으로 성과에 접근하는 방식을 찾는 것이 바람직하다. 그래서 강점을 알고 그 강점을 활용해서 성과를 얻기 위한 노력은 행동일 뿐 아니라 자세이기도 하다. 비즈니스 리더로서 사장은 강점만이 성과를 낳는다는 사실을 기본 공식으로 기억해야 한다. 강점 발휘를 방해하지 않는 한 약점이 없는 것처럼 행동하는 자세가 더 유용하다.

그 과정에서 사장은 자기 자신에게 충실해야 한다. 결코 다른 누군가가 되려고 생각할 필요가 없다. 오히려 다른 사람은 어렵지만 자신은 쉽게 할 수 있는 것이 무엇인가를 생각하는 것, 자신의 강점과 자신이 가장 많이 가진 것이 무엇인지 알고 활용하는 것이 중요하다. 사장의 역할은 인간을 변화시키는 것이 아니다. 각 개인이 가진 강점과 활력, 의욕을 활용해서 전체의 능력을 증가시켜 사람들로부터 최고를 이끌어내는 것이다.

강점을 중심으로 인사하는 자기 방식을 준비하라

사장은 강점을 중심으로 인사人事하는 자기 방식을 미리 마련해 두어야 한다. 그 사람이 자신과 잘해나갈 수 있는가를 따지기 전에, 그가 어떤 것에 공헌할 수 있는가를 묻고 무엇을 가장 잘 할 수 있는가를 기준으로 삼아야 한다.

보통의 경우 인간의 탁월성은 한 분야 또는 작은 분야에서밖에 실현되지 않는다. 또한 정말 강한 인간은 조직을 필요로 하지 않으며 조직을 통해서 성과를 내기 위한 시도조차 하지 않는다. 그래서 평범한 사람들을 통해서 비범한 성과를 내는 자신의 방식을 찾아내고 구조화하는 것이 성과를 도출해야 하는 사장의 핵심 역할이다.

사장은 직무를 설계할 때 보통의 인간이 할 수 없는 일로 설계하지 않도록 유의해야 한다. 불가능한 업무를 수행할 특별한 사람을 찾지 말고, 평범한 인간이 비범한 성과를 올릴 수 있는 방식을 찾는 것이 조직 설계와 평가의 기준이 되어야 한다.

일본의 경영자 이나모리 가즈오의 '아메바 경영'(아메바 조직으로 일을 세분화함으로써 평범한 사람이 책임감을 가지고 집중해서 일할 수 있게 성과를 강화하는 방식)이나 내가 1장의 '경험 없는 직원 데리고 성과 만들기'에서 제안했던 '5-3-1-1 운영 방식'처럼 현장에서 일하는 사람들이 성과에 더욱 적극적으로 참여할 수 있도록 보다 많은 것을 요구하는 큰 틀로 조직을 설계하는 것이 바람직하다. 구체적인 동시에 포괄적으로 성과를 요구해야 조직 전체의 성과를 더 효과적으로 올릴 수 있다.

강점에 기초한 인사를 한다는 것은 그가 '잘하는 일' '잘할 것 같은 일'을 생각하고 '그가 강점을 발휘하기 위해서 무엇을 알고 무엇을 체득해야 하는가'를 생각하는 것이다. 또한 기본적으로 각 사람이 성과를 얻는 과정에서 기여한 공헌을 철저히 평가해야 한다.

사장은 문제가 아닌 기회에 초점을 둔 인사를 하기 위해 노력해야 한다. 예를 들어 TV 프로그램 〈생활의 달인〉 주인공들처럼 특정한 업무에서 뛰어난 사람을 적극적으로 찾겠다는 방식으로 생각하자.

실적을 올린 사람에게는 기회를 주는 것을 당연하게 생각할 필요가 있다. 반대로 두드러진 성과를 올릴 수 없는 사람이 관리자라면 가차 없이 이동시켜야 한다.

10 성과를 내는 의사결정은 프로세스로 이루어진다

——————— 사장은 개인 리더십을 학습하는 과정을 통해 기업의 비즈니스 리더로서 자신의 역할을 명확히 이해할 수 있다. 먼저 최상의 리더십 형태가 별도로 존재하는 것이 아님을 분명히 알자. 주어진 상황과 환경에서 자신이 '공헌할 바'를 알고 초점을 맞추는 '필요 리더십flexible leadership'을 구사할 수 있으면 된다.

이때 사장의 시간이 기업의 희소자원임을 알고, 사장이 사용할 수 있는 '덩어리 시간'을 파악하는 것이 중요하다. 그리고 '급하고 중요한 일'들을 중심으로 행동하던 것에서 벗어나 '급하지 않지만 중요한 일'들을 '한 번에 한 가지씩 집중'해서 일하는 습관을 만드는 것이 핵심이다. 또한 '강점'과 '할 수 있는 것'을 실행의 중심에 두는 것이 중요하다.

사장의 개인 리더십의 마지막은 성과를 내는 의사결정 프로세스를 알고, 그것을 자신의 습관은 물론이고 기업의 습관으로 만들기 위해 노력하는 것이다. 이때 의사결정을 특정 시점의 행위로 생각하는 것은 적절치 않다. 오히려 성과를 올리기 위한 사장의 의사결정을 프로세스process로 이해할 때 그 역할의 효능을 극대화할 수 있다. 기업 활동에서 사장의 의사결정이 사장 역할의 대부분을 차지하기 때문이다.

먼저 문제를 구분하라

사장의 의사결정 첫 번째 단계는 문제를 일반적인 문제와 특수한 문제로 구분하는 것이다. 이때 일반적인 문제는 원칙과 룰을 정립해서 반복되는 일들을 실무적으로 처리하고, 특수한 문제는 별도로 구분해서 처리하는 것이 바람직하다. 그런데 일반적인 문제와 특수한 문제를 어떻게 구분할 수 있을까? 경험 적은 사장들에게는 그 구분이 어렵다. 그래서 자신이 특수한 문제라고 생각하는 것을 다시 다음과 같이 구분해서 생각해야 한다.

1. 진짜 특수한 경우
2. 자신에게는 특수하지만 객관적으로는 일반적인 경우
3. 새로운 종류의 일반적인 문제가 최초로 발견된 경우

1988년에 상영을 시작해 20여 년간 인기를 얻었던 브루스 윌리스 주연의 〈다이하드〉 시리즈 속 사건들은 모두 1번의 경우다. 영화에서 의사결정자 위치에 있는 사람들은 예외 없이 기존에 수립되어 있는 원칙과 룰로 상황을 대처해 관객들의 답답함과 안타까움을 자아낸다. 그러나 주인공 브루스는 해당 상황이 1번과 같은 진짜 특수한 경우임을 파악하고 의외의 방법과 행동으로 악당들을 제압해 결국 문제를 해결한다. 첨단 빌딩, 공항, 도심 은행, 네트워크 전산망, 폐원자력발전소 등 다른 공간에서 시리즈가 진행되지만 구도와 진행 방식은 별반 다르지 않다. 벌어진 사건을 일반적인 문제로 지각하는 사람들과 그것을 특수한 것으로 지각하고 행동하는 주인공과의 인식 차이로 생기는 갈등과 문제 해결 과정을 반복한다.

사실 사장으로 일하면서 정말로 예외적이고 특수한 상황의 문제에 처하는 경우는 극히 드물다. 지금 발생한 문제를 이미 정립되어 있는 룰과 원칙으로 해결하려는 영화 속 머저리(?) 의사결정자들의 행동을 함부로 폄하할 수 없는 까닭이기도 하다.

사장이 접하는 2번(자신에게는 특수하지만 객관적으로는 일반적인 것)의 문제는 어떤 것일까? 기업의 인수합병이나 주식시장 상장처럼 자신에게는 특수하지만 그런 활동을 반복하는 사람들(일명 전문가)에게는 일반적인 문제인 경우다. 이때는 해당 영역의 지식과 경험을 가진 외부 전문가를 활용하는 것이 현실적으로 유용하다. 해당 상황이 끝나면 그 기업에서는 다시 반복되지 않을 일들이기 때문이다.

그런데 최근 활성화되고 있는 '공유경제'는 유무선 통신기술의 발달과 금융결제 방식의 다양화, 소비자의 인식 변화 등이 연결되어서 총체적으로 새로운 시대의 거래 방식으로 등장하고 있다. 이전과 그 내용은 같지만 2번의 영역에서 3번의 영역으로 위치를 바꾸어가는 모습으로 나타나고 있어서 특별히 주목할 필요가 있다.

특수한 문제를 구분할 때 3번(새로운 종류의 일반적인 문제가 최초로 발견된 경우)은 상황과 형태를 불문하고 신중하게 다루어야 한다. 유사한 문제가 곧 반복될 가능성이 높기 때문이다. 성인 옷을 주로 만들던 기업에서 아기 옷을 만드는 일을 추가하면 이전에 나타나지 않던 새로운 문제들이 생겨날 수 있다. 남성 직원들만 일하던 기업에서 여성 직원들이 일을 시작하는 경우나 그 반대의 경우도 마찬가지다. 기존의 방식으로 상황을 해석하고 잘

못 대처하면 그 과정에서 2차 사고를 야기할 가능성이 크다.

화력발전과 수력발전을 주로 하다가 원자력발전을 시작한 지역이나 국가의 사고는 기존의 문제 해결 방식과는 완전히 다른 방식을 수립해야 한다. 이러한 상황들은 모두 새로운 종류의 일반적인 문제가 최초로 발견된 경우에 해당한다. 이때 그 문제가 앞으로 반복될 수 있는 문제들의 시작점임을 판별하는 사장의 통찰은 매우 중요하다. 그리고 지금 발견된 새로운 문제를 해결하면서 나중에 유사한 문제가 생겼을 때 적용할 수 있는 룰과 원칙을 수립하는 것도 사장이 꼭 해야 할 역할이다. 새로운 상황에 적용할 수 있는 적절한 기준 수립에 사장의 '덩어리 시간'을 할애해야 한다.

의사결정의 6단계 프로세스

의사결정 첫째 단계를 통해 문제가 일반적인 문제인지 특수한 문제인지 구분했다면, 둘째 단계는 문제를 정의하는 것이다. 해결해야 할 문제가 무엇what인지 분명히 해서 자신은 물론 조직의 이해관계자들이 명확히 이해할 수 있는 단어와 문장으로 표현할 수 있어야 한다.

셋째 단계는 의사결정의 경계조건boundary conditions을 정하는 것이다. 경계조건이란 의사결정이 충족시켜야 할 요건을 의미한다. 사장의 의사결정이 성과를 올리기 위해서는 사전에 경계조건을 정립하고 그것을 만족시키는 방식으로 진행해야 한다. 경계조건이 간결하고 명확할수록 목적 달성 가능성이 높아진다. 또한 경계조건을 명확히 정립하면 문제를 해결함으로써 얻을 수 있는 최소한의 것이 무엇인지 분명히 알 수 있다. 옳은 경계조건을 충족시키지 못하는 결정은 부적절하고 성과를 올릴 수 없으며, 새로운 문제를 야기할 뿐이다.

넷째 단계는 무엇이 옳은가를 생각하는 것이다. 경계조건을 충족시킬 수 있는 옳은 답을 찾는 과정에서 옳은 타협과 잘못된 타협을 구분할 수 있다. '아는 것이 힘이다'와 '모르는 것이 약이다'는 모두 맞는 말이지만, 어떤 것이 적합한 답인가는 '무엇이 옳은 것인가'에 대한 사장의 생각과 태도에 따라 달라진다. 사장 자신에게 쉬운 것이 아닌 옳은 것을 구분하고 선택하는 용기가 필요하다.

다섯째 단계는 실시를 위한 행동을 명시하는 것이다. 올바른 의사결정에 따른 적극적인 행동을 강제하기 위함이다. 의사결정의 시점에서 즉각적으로 행동할 부분을 정해서 의사결정과 실행이 따로 놀지 않도록 해야 한다. 특히 '이 의사결정을 누가 알아야 하는가?'를 묻고 그 사람이 해야 할 적절한 행동이 무엇인지 별도로 명시해야 한다. 또한 사장의 의사결정을 실행으로 옮길 사람의 능력과 역량이 적절한가를 확인해서 결정과 행동이 각각 따로 이뤄지지 않도록 해야 한다.

마지막 여섯째 단계는 사장의 의사결정 결과에 대한 피드백을 통해서 의사결정의 적절성과 성과를 검토하는 것이다. 최선의 노력을 했다고 해서 늘 최적의 의사결정을 하는 것은 아니다. 그래서 사장은 자신의 의사결정이 잘못될 수 있음을 염두에 두어야 한다.

'일반적'이라는 시선으로 문제 바라보기

성과를 올리는 의사결정도 시간이 지나면서 진부한 것이 될 수 있음을 생각해야 한다. 상황과 환경, 경쟁자들의 새로운 시도나 고객들의 필요에 대한 기준이 시대의 흐름에 따라 달라질 수 있다. 그래서 사장은 피드백을 위해 조직적으로 정보를 수집할 필요가 있다. 그리고 자신의 눈으로 현장을 확인하는 것을 당연하게 생각해야 한다. 사장이 직접 나가서 확인하는 일을 게을리하면 자칫 적절하지도 합리적이지도 않은 자신의 결정에 집착하는 어리석음을 범할 수 있다.

사장의 생각과 개념 속에 의사결정decision making을 프로세스로 이해하고 행동하면 매우 효과적인 결과를 얻을 수 있음을 꼭 기억하자! 특히 첫 번째 단계(문제의 구분)와 세 번째 단계(경계조건

정립)의 효용성과 중요성을 기억하고 활용할 수 있기를 바란다. 또한 다섯 번째 단계(실시를 위한 행동)의 의미를 생각하고 그 일을 맡아서 추진할 사람이 없는 상태라면, 의사결정은 피하는 것이 좋다.

사장은 문제를 항상 '일반적이다'라는 전제로 바라봐야 한다. 특별히 주의를 끄는 문제도 실제로는 하나의 증상일 때가 많다. 그래서 본질적인 문제를 찾는 관점을 기르는 연습을 해야 한다. 만약 그 문제가 정말 특수한 것으로 밝혀지는 경우에도 그것이 새로운 문제의 첫 경우가 아닌지 살피는 사장의 통찰이 필요하다. 대부분의 일반적인 문제는 룰과 원칙을 확립하는 의사결정을 통해서 해결된다는 것을 명확히 기억하고 이를 실행하는 습관을 길러야 한다.

3장

사장의 관계 리더십

: 직원들이 효율적으로 일하도록 돕는다

사장이 스스로 효율적으로 일하기 위해서
개인 리더십을 기르려 노력했다면

이제 직원들이 효율적으로 일하는 것을 돕기 위해
관계 리더십을 발휘해야 한다.

사장이 관계 리더십을 발휘하기 위한
일곱 가지 초점을 정리해 보자.

11 성과의 초점을 분명히 하라

——————— CEO 가정교사로서 어느 조직에 불려 가면 회사의 사장에게는 환영을 받지만 임원들에게는 환대받지 못할 때가 많다. 그들에게 사장 외에 추가로 '선생'이 생긴 것이나 다름없기 때문이다. 이때 그들의 의구심을 지우고 불만을 잠재우는 요령이 있다.

먼저 초점이 공유되어야 한다

임원들 앞에 빈 종이 한 장과 볼펜 한 자루를 둔다. 그리고 세 가지 질문에 답하게 한다. 첫째, 올해의 회사 목표가 무엇인가?

둘째, 그 목표 달성을 위해 회사는 어떤 전략으로 접근하고 있는가? 셋째, 각 사업부·부서·팀은 그 전략의 실행을 위해 자신들의 어떤 전술적 역량을 발휘하고 있는가? 그리고 각자 자기가 쓴 내용을 그대로 읽게 한다. 그러면 대부분 다 읽기도 전에 웅성대는 소리가 들리며 회의실 분위기가 소란스러워진다. 당연히 하나여야 할 목표가 여러 개로 나타나기 때문이다.

이 테스트의 목적은 자신들의 문제가 무엇인지 자각하게 만드는 데 있다. 사장이 나를 부른 이유는 회사에 뭔가 문제가 있어서고, 그 문제를 해결하는 데 내가 도움이 되었으면 하는 바람이 있기 때문이다. CEO 가정교사로 활동하면서 얻은 경험을 통해 내가 알게 된 것은, 열심을 가진 기업에 문제가 있다면 십중팔구는 각 사업부·부서·팀의 개별적인 행동이 전체적으로 조화되지 못한 경우다. 그리고 사장이 그것을 적절하게 조정하지 못할 때가 많다. 10분 정도 걸리는 테스트가 끝나고 나면 임원들은 자의 반 타의 반으로 내 존재를 받아들이게 된다. 그때 나는 이렇게 강조한다.

"목표는 토씨 하나까지 똑같이 기억해야 합니다. 전략은 같은 이해를 해야 합니다. 전술적 실행은 각 사업부·부서·팀의 강점을 발휘할 수 있는 방식으로 창의성과 다양성을 갖고 진행되어야 합니다."

초점을 공유하는 것이 사장의 관계 리더십에서 맨 먼저 할 일이다(이것은 4장에서 다룰 '조직 리더십'에서도 마찬가지다). 특히 해당 기간에 해당 조직이 무엇을 목표하고 있고, 어떤 방식으로 목표 달성을 위해 노력하고 있는지 분명히 알아야 한다. 그리고 각각 자신이 공헌할 바에 초점을 맞춤으로써 형성되는 상호간의 생산적인 관계를 북돋는 것이 사장이 행동해야 할 관계 리더십의 핵심이다. 그 과정에서 팀워크, 의사소통, 자기계발, 인재 육성 등의 활동들이 진행된다.

리더십과 관리가 모두 필요하다

우리가 자주 쓰는 말이지만 명확하게 구분해서 이해하기 어려운 것들이 있다. 그중 하나가 관리management와 리더십leadership의 차이를 아는 것이다. 관리는 손익 결과에 관심을 두지만 리더십은 성취하고자 하는 일에 집중하는 것이다. 관리는 어떤 일을 '바르게 하는 것'이고 리더십은 '바른 일'을 하는 것이다. 지혜의 영역에서 리더십이 방향이라면 관리는 순서와 가중치가 된다. 사장의 경영에서 리더십과 관리가 모두 필요하지만 먼저 리더십을 발휘한 다음 관리에 초점을 두고 행동하는 것이 자연스럽다.

비즈니스 리더로서 사장의 임무는 사람들에게서 최고를 이끌어내는 것이다. 이때 사장의 구체적인 행동 방식은 목표를 설정하고, 칭찬 또는 질책을 통해 목표한 방향으로 나아가도록 돕는 것이다. 그래서 관계 리더십을 발휘하는 사장의 역할은 세 가지다. '비전가'로서 기업의 사명mission에 지속적으로 초점을 맞추고, '치어리더'로서 팀의 기운을 북돋고 성공을 확신시키며, '공사판 십장'으로서 팀이 사명 달성에서 벗어나는 사안들에 대해서 팀에게 엄격한 통제력을 행사하는 것이다.

실행의 과정에서 관리와 리더십 활동을 명확히 구분하는 것은 어렵다. 그러나 분명한 건 비즈니스 리더로서 사장의 리더십과 조직의 성과를 강화하는 관리 활동이 꼭 필요하다는 것이다. 이 책에서 나는 사장의 리더십을 '생존의 리더십-개인 리더십-관계 리더십-조직 리더십'으로 구분해서 설명한다. 이때 사장의 관계 리더십이 관리 활동과 상당 부분 겹친다고 볼 수 있는데, 사장의 관리 활동과 관계 리더십은 회사의 규모가 커지면서 자연스럽게 관리와 리더십의 영역으로 구분된다.

리더십과 관리의 개념이 혼재된 상태에서, 사장의 리더십을 네 단계로 구분해서 이해하면 다소 혼란스러웠던 개념을 정돈하기가 쉬워진다. 관계 리더십을 기업의 성장과 맞물려서 습득하고 훈련하는 과정으로써, 즉 사장이 조직 리더십의 단계에 들어가기 전에 반드시 경험하고 훈련해야 하는 'before' 단계로 편입시키는 것이 자연스럽다. 또한 사장의 리더십이 기업의 성장과 함께 확장되어야 한다는 평상시 나의 지론과 현실에서의 필요성과도 잘 연결된다.

이제 사장의 관계 리더십에 관한 구체적인 내용들을 살펴보자.

12 이미 가지고 있는 것을 이끌어내는 것으로 충분하다

관계 리더십을 발휘하기 위한 사장의 행동 초점은 함께하는 사람들에게서 최고를 이끌어내는 것이다. 무언가를 새롭게 만드는 것이 아니라 그 사람이 이미 가지고 있는 것으로부터 이끌어내는 것임을 분명히 하자.

그렇다면 사람들은 언제 어떤 상황에서 자신을 최고의 형태로 드러내는가? 내가 평생의 경영 선생님으로 생각하는 월마트 창업자인 샘 월튼의 말에서 힌트를 얻을 수 있다. "훌륭한 지도자는 직원들의 자존심을 부추기기 위해 열심이어야 한다. 자신에 대한 믿음을 가진 사람들은 엄청난 성과를 만들어낸다." 사람들은 긍정적으로 자존심이 고양될 때 자신의 최고 역량을 더욱 쉽게 드러낸다. 팀이나 조직에서는 칭찬과 격려가 그와 유사한 역할을 한다.

활기 넘치는 조직을 만들기 위한 리더의 역할

활기가 있는 조직에는 늘 최고의 역량을 발휘하는 사람들이 있다. 그 옆에는 예외 없이 칭찬과 격려의 윤활제를 끊임없이 발라주는 리더가 존재한다. 조직 활기의 근원이 어디에서 비롯되는지 알 수 있는 대목이다. 사장의 역할과 노력을 통해 사장의 관계 리더십이 자연스럽게 스며든다.

또한 일하는 조직에 활기가 생길 때는 목표-전략-전술의 한 방향 정렬aligning된 실행과 그 실행의 결과로 성과를 맛볼 때다. 조직으로 일함으로써 개인으로 일할 때는 도출하기 어려운 성과를 경험하고, 그 성과의 열매를 배분받는 희열은 일하는 사람들에게는 최고의 경험이다. 그렇게 일하는 조직에는 늘 활기가 넘친다.

앞장에서 사장이 관계 리더십을 갖추기 위해 강조했던 세 가지 초점을 상기해 보자.

1. 목표는 토씨 하나까지 똑같이 기억하기

2. 목표에 도달하는 전략을 올바르게 이해하기
3. 전술적 실행은 각 개인 또는 팀의 강점을 발휘할 수 있는 방식으로 창의성과 다양성을 갖고 진행하기

이렇게 일하면 일이 재미있어지고 성과를 내지 못하는 것이 오히려 어색한 상황이 된다. 반대로 활기 없는 조직들은 전략은 애매모호하면서 오직 좋은 결과만을 강조한다. 게다가 사장이 강조하고 구사하는 전술도 사장 자신에게 익숙한 것일 뿐, 조직의 습관화된 역량이 아닐 때가 많다. 우리가 농담처럼 말하곤 하는 형편없는 '당나라 군대'의 모습이다.

비즈니스에서 10%의 성과를 높이는 것의 의미

모든 스포츠는 한 시즌을 끝내면 각종 기록을 정리해서 발표한다. 그중에서도 야구는 특히 기록을 중심으로 평가한다. 3타수 1안타, 즉 3할 3푼 정도의 타율이면 평균 이상의 평가를 받는다. 3할 6푼이 넘어가면 매우 뛰어나다고 평가한다. 3할 3푼의 타율을 가진 선수보다 2배 이상의 연봉을 받는 경우도 많다. 타율이 딱 10% 높아졌을 뿐인데 말이다.

어떤 유통점의 경우 추가 비용이나 투자 없이 현재 매출에서 15%를 추가할 수 있으면 똑같은 크기의 매장을 하나 더 운영할

때와 같은 수익 창출이 가능하다고 한다. 고작 15%의 추가 매출로 같은 크기의 유통점 하나가 늘었을 때와 동일한 성과를 얻을 수 있다니 놀랍다. 그러한 기적이 기업에서는 사장의 제대로 된 관계 리더십으로 만들어진 '활기'에 기인함을 기억하자.

사장이 관계 리더십을 통해 얻을 수 있는 성과의 초점은 무엇일까? 현재의 상태에서 매출을 10% 높일 수 있는 방식을 찾고 실행하는 것이다. 현장에서 일하는 사람들이 3할 3푼이면 충분하다고 생각할 때 3할 6푼의 목표를 제시하고, 비전가-치어리더-공사판 십장의 역할을 통해 조직의 성과 기준을 상향시킬 수 있다. 33.3%를 추구하는 일반적인 상식에 맞서서 36.6%의 기회를 이용하는 사장이 되도록 하자. 그리고 36.6% 전략이 효과를 얻으면 거기에 추가하여 제2의 36.6% 전략을 구상하고 시도해 보자. 그 과정을 반복하면서 사장의 관계 리더십 내공이 점차 깊어진다.

13 초점을 공유하는 것이 의사소통의 시작이다

———— 사장의 개인 리더십 활동의 대부분은 '의사결정'으로 귀결되고, 사장의 관계 리더십 활동의 대부분은 '의사소통communication'으로 나타난다. 따라서 사장은 반드시 이 두 가지 주제에 대해서 적절한 학습을 해야 한다. 의사결정에 관한 내용은 앞서 2장의 마지막 '성과를 내는 의사결정은 프로세스로 이루어진다'에서 자세히 다루었으니, 이제 관계 리더십을 강화하는 사장의 의사소통에 대해서 생각해 보자.

의사소통의 때에는 상대가 누구인가를 생각하자

사투리 말로 '거시기'를 네 번 반복해서 완성되는 문장이 있다. '거시기가 거시기혀도 거시기허니까 거시기하더라고~' 거시기라는 단어만 반복했는데 상대가 신기할 정도로 말을 다 알아듣는다. 의사소통의 핵심은 상대의 지각知覺이다. 내가 전달하려는 바를 상대가 바로 알아들으면 그만이다. 방법이나 형식은 그다음이다.

다만 단발적이지 않고 지속적인 소통을 위해서는 두 가지 기본 훈련이 필요하다. '성인 교육에서 성과를 얻기 위한 접근 방식'과 '커뮤니케이션의 기본 원리'가 그것이다. 그런데 이 둘의 핵심 내용은 거의 같다. 세 가지 초점을 알고 행동하는 것이 필요하다.

첫째, 상대의 지각perception이다. '상대가 이것을 수용할 수 있는가?' '그의 지각 능력 범위 내에 있는가?'를 확인해야 한다.

둘째, 상대의 기대expectation다. '상대는 무엇을 보고 듣고 싶어 하는가?' '그의 기대는 무엇인가?'를 알수록 효과적인 접근이 가능하다.

셋째, 상대의 요구demand다. '전달 내용이 상대의 가치관과 부합하는가?' '어떤 방법으로 동기부여 할 것인가?'를 생각하고 접근하는 것이 필요하다.

그래서 관계 리더십을 갖추기 위해 노력하는 사장의 의사소통에는 'P-E-D'가 기본으로 깔린다.

성인 교육과 의사소통을 묶어서 설명하는 이유는 '그 사람 속에 있는 것을 끄집어내는 것'임을 강조하기 위해서다. 이미 성인이 된 사람에게 새로운 것을 가르쳐서 변화로 이끌려는 시도는 큰 성과를 얻기 어렵다. 그 사람이 이미 가진 것을 끄집어내는 것만으로도 충분하다고 생각하고 그 방법을 찾는 것이 더 현명하다.

의사소통의 핵심은 '상대의 지각'이다

의사소통에 관한 많은 설명이 있지만, 나는 의사소통의 시작점은 '서로 초점을 공유하는 것'이라고 생각한다. 그래서 서로 간에 주파수를 맞추는 과정이 선행되어야 한다. 효과적인 소통을 위해서는 상대의 마음을 여는 것이 우선되어야 한다.

보통의 경우 상대가 스스로 필요하다고 생각하는 것, 상대가 듣고 싶은 이야기, 그들의 욕구를 해결할 수 있는 구체적인 방법과 방식을 가지고 말할 때 관심과 수용도가 높다. 아이들은 재밌으면 반응한다. 그러나 성인들은 다르다. 내 경험을 기준으로 설명하면 '객관적 신념'(객관적 관점과 주관적 신념을 결합시킨 신조어)을 전달할 수 있으면 좋다. 객관적 관점으로 상대가 동의할 수 있고 전달자의 신념이 담긴 내용들이 상대에게 강하게 어필된다.

그 내용이 상대에게 실제적인 도움을 줄 수 있으면 더욱 좋다. 기본적인 자세는 그 사람 속에 이미 존재하는 구슬을 꿰어서 목걸이를 만드는 과정을 통해 가치를 높이는 접근 방식이다. 추가로 필요한 새로운 구슬을 만드는 작업은 10~20% 내로 생각하고 행동하는 것이 좋다. 가능한 한 자기 생각을 기분 좋은 방식으로 표현하고, 표현한 것을 잘 정돈해야 효과적이다.

비즈니스 리더로서 의사소통에서 관계 리더십을 강화하려면 다음 세 가지 질문에 대한 대답을 먼저 준비해야 한다.

1. 목표와 지향점을 구체적인 단어와 문장으로 표현할 수 있는가?
2. 이 정보 또는 이 의사결정을 알아야 하는 사람이 누구인가?
3. 상황과 필요에 적합한 의사소통 도구를 갖추었는가?

많은 조직에서 사명이나 목표, 전략 등을 정립하고 발표하는 것이 1번 질문에 대한 사장의 기초 대답이다. 또한 조직에서 중요한 의사결정을 할 때는 2번 질문을 하고, 그 질문에 대한 답을 들어야 하는 사람에게 신속하게 정확한 정보와 의사결정의 내용을 전해야 한다. 거기에 더해서 3번의 단순하고 효과적인 형태의 의사소통 도구를 마련해서 일관성과 지속성, 흥미를 강화하는 방식으로 활용할 수 있어야 한다.

사장의 관계 리더십에서 가장 큰 비중을 차지하는 '의사소통'의 시작점이 '초점을 공유하는 것'임을 잘 기억하자. 그리고 효과적인 소통을 하기 위해 갖추어야 할 세 가지(P-E-D)를 점검하는 습관을 갖춰야 한다. 내가 전달했느냐가 중요한 게 아니라 상대의 기억 속으로 들어갔느냐가 중요하다는 것을 알고, 구체적인 방식으로 노력하고 시도하는 사장이 되길 바란다.

14 공적인 일은 공적인 자리에서, 사적인 일은 사적인 자리에서

———— 사장이 절대로 피할 수 없는 시간이자 관계 리더십을 고양할 수 있는 좋은 기회가 바로 '회의' 시간이다. 효과적인 회의를 진행하기 위한 BDABefore-Do-After가 있다.

효과적인 회의를 위한 BDA

Before. 회의 시작 전에 해야 할 두 가지가 있다. 하나는 회의 관련 기초 자료를 참석자들에게 사전에 제공하는 것, 또 하나는 참석자들이 회의 주제에 대해서 자기 의견을 사전에 정리해 오도록 요구하는 것이다. 전체를 이해한 상태에서 각 사람의 의견이 개진될 때 효과적인 회의 진행이 가능하기 때문이다.

Do. 회의를 시작할 때 회의의 목적과 부가 의미를 분명히 한다. 그래서 개인 관심사나 이해관계가 아닌 공통의 필요에 대한 의견이 개진되도록 주의를 환기시킨다. 회의가 진행될 때는 목적에 따라 초점에서 벗어나지 않게끔 유의한다. 특히 아이디어 토론장이나 단순 보고의 장이 되지 않도록 조심한다. 회의를 마무리할 때는 처음으로 돌아와서 결론을 최초 의도와 연결하고 목적에 적합한 회의가 진행되었음을 확인한다.

After. 회의가 끝나고 난 후에는 회의 목적, 진행 내용, 결의 사항을 한 페이지로 요약해서 참가자들에게 발송한다. 또한 회의에 적극적으로 참여한 사람에게 감사를 표한다.

이것이 효과적인 회의를 진행하기 위한 BDA다. 이런 방식으로 회의에 참석한 사람들은 조직 생활의 가치와 의미를 경험한다. 또한 조직의 일원으로서 시너지효과를 경험한 사람들이 늘어나면서 회의가 부가가치를 만드는 과정임을 알게 된다.

그러나 대부분의 기업에서 부가가치를 만드는 회의를 경험하기란 쉽지 않은데, 여기에서 관계 리더십을 통해 직원들이 효율적으로 일하도록 이끌고 싶은 사장에게 기회가 생긴다. 관계 리더십을 발휘할 수 있는 사장의 세 가지 행동 초점을 기억하고 실행해 보자.

1. 일의 성패를 결정하는 70~80%가 'Before'에 달려 있음을 기억하고, 사전 준비를 할 때 적극적인 자세로 자신의 의견과 생각을 정돈해서 참여하도록 유도한다.
2. 논의와 회의의 결과를 실행으로 바로 연결한다.
3. 공적인 일은 공적인 자리에서 취급하고, 사적인 일은 사적인 자리에서 다루는 태도를 분명히 한다.

준비 없이 좋은 것을 얻을 수 없다는 인식과 태도는 모든 사람이 공유해야 할 가장 기본적인 것이다. 초점을 분명히 하고 자신이 가진 것이 무엇인지 확인한 후 가진 것을 정리해서 함께 사용할 수 있는 자원 또는 무기로 전환하는 시작점이 회의다.

이때 '회의 따로, 실행 따로'에서 벗어나는 것이 관계 리더십에서 조심해야 할 첫 번째 유의사항이다. 기껏 열심히 논의했는데 결국은 사장의 의견대로만 결론이 나는 회의는 함께 일하는 사람들의 태도를 무기력하게 만든다. 반면에 생산적인 논의를 하고 그 논의 결과를 실행으로 옮기는 사장의 태도는 함께 일하는 사람들에게 희망을 준다.

사장이 관계 리더십을 통해서 함께 일하는 사람들에게 전달할 것의 핵심은 '되게 하는 방식'에 대한 논의다. 그리고 그 논의를 통해 결론지어진 내용들을 실행으로 옮겨서 구체적인 성과를 경험하는 것이다. '초점 공유 → 가용 자원 확인 → 논의를 통한 방법 결정 → 구체적 실행'의 네 단계를 반복하면서 사장의 관계 리더십이 공고해진다. 그 과정들을 통해서 직원들이 회사에서 일하는 것이 '방법을 찾으면서 진도를 나가는 것'이라는 긍정적인 경험을 하면, 그 경험의 기간만큼 함께 일하는 사람들은 전사로 거듭난다. 동시에 사장의 관계 리더십 내공이 축적된다.

'공적인 자리'와 '사적인 자리'를 구분하라

사장의 관계 리더십 행동에서 기억하고 실행할 중요한 기준이 있다. '공적인 일은 공적인 자리에서 언급하는 습관'을 갖는 것이다. 내용이 아니라 '자리'가 우선됨을 꼭 기억해야 한다(그림 14-1).

'자리'를 강조하는 중요한 이유가 있다. 사장은 무슨 내용인가에 초점을 두지만 함께 일하는 사람들은 어떤 자리에서 언급된 것인가를 더 중요하게 받아들인다. 그래서 대통령의 신년사나 사장의 신년사처럼 리더의 위치에 있는 사람들이 중요한 얘기를 하고자 할 때는 그 내용의 무게와 격에 맞는 적절한 '자리'를 먼저 만들어야 한다. 앞 장에서 언급했듯이 커뮤니케이션의 핵심은 '상대의 지각'이기 때문이다. 의사소통 상대의 기대가 전

그림 14-1

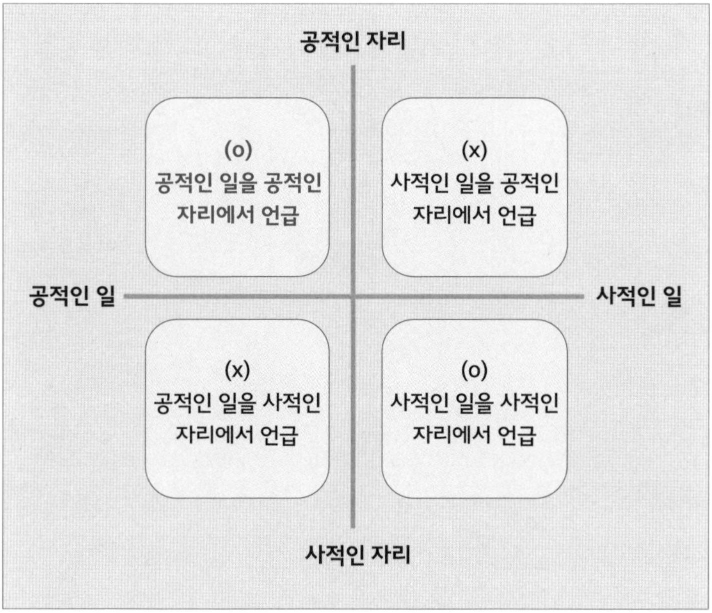

달자의 내용보다 더 큰 영향을 준다.

사장이 가장 피해야 할 것은 공적인 자리에서 사적인 일을 언급하는 것이다(1사분면). 그런 행동은 자신의 권위를 스스로 망가뜨림에도 불구하고 많은 사장이 그렇게 행동하는 것이 사실이다. 또한 즐겁게 놀자고 모인 자리에서 회사의 필요를 얘기하는(3사분면) 사장은 답답함과 센스 없음을 스스로 드러내는 것임을 알아야 한다.

공적인 자리에서는 공적인 이야기(2사분면)를, 사적인 자리에서는 사적인 이야기(4사분면)를 주요 화제로 다룰 줄 아는 사장의 행동이 함께 일하는 사람들에게 보이지 않는 호의와 호응을 얻는다.

15 필요와 예산을 분명히 한다

기업에서 사장과 직원의 관계를 뭐라고 정의하는 것이 적절할까?

우리는 계약서를 쓸 때 '갑甲'과 '을乙'이라는 단어로 관계를 규정한다. 보통 갑이라 하면 관계에서 결정을 주도하는 사람이고, 을은 그것을 따르는 사람으로 통용된다. 이러한 관행적 표현은 기업에도 그대로 이어져서 일반적으로 회사를 갑으로, 직원을 을로 생각하고 표현한다.

나는 이 단어가 사장(회사)과 직원의 관계의 본질을 상당히 왜곡한다고 본다. 실제로 어떤 단어를 쓰느냐에 따라 관계의 본질을 잘 표현할 수도, 반대로 왜곡할 수도 있다. 내 생각에 기업이라는 조직에서는 사장도 역할자고 직원도 역할자다. 따라서 기업 내에서 서로의 역할이 있는 것이지 상하上下 관계에 있는 것은 아니다. 그럼에도 불구하고 현실에서는 을의 입장에서는 마냥 참는 것이 당연한 일로 치부된다. 반대로 갑에게는 상황과 관계없이 무한 책임을 요구하는 사회적 분위기도 있다. 두 모습 모두 바람직하지 않다.

우리가 수행하는 모든 일은 '본질적 효용'과 '기능적 효용'으로 구분하는 것이 필요하고, 기능적 효용이 본질적 효용을 벗어나면 관계와 기준의 재정립이 필요하다. 일의 크고 작음에 관계없이 드러나는 현상들이 본질에서 벗어나는 상황이 반복되면 그 일과 관계는 곧 망가진다. 그래서 적절한 방식으로 조정할 방법을 찾는 것이 서로에게 이롭다.

사장과 직원의 바람직한 관계를 규정하기 위해 먼저 갑과 을로 표현되는 관계의 기준에 대해서 생각해 보자.

갑의 역할은 필요와 예산을 분명히 하는 것

갑과 을로 표현되는 관계에서 갑이 할 일은 '필요와 예산'을 분명히 하는 것이다. 그리고 을의 일은 주어진 예산 내에서 '갑의 필요를 해결할 수 있는 방법을 제안하고 실행'하는 것이다. 이때 갑이 유의할 점은 처음 제시한 필요를 중심으로 결과물에 대한 평가를 진행해야 한다는 것이다.

만약 일을 진행하던 중 어떤 이유로 갑의 기준이 바뀌면 새로운 필요와 기준, 그에 따른 예산의 변동과 관련해서 을과 적극적으로 의사소통해야 한다. 또한 을은 일의 실행 과정에서 갑과 상의 없이 임의로 필요와 기준을 바꾸지 않아야 한다. 너무나 상식적인 말 같지만 실제 일이 진행되는 현장에서는 이 기본적인 일이 이루어지지 않아서 서로 어려움을 겪는다.

갑이 필요와 예산을 분명히 하고 을은 방법을 찾아서 실행하며, 진행의 과정에서 필요와 기준에 대해서 긴밀히 상의하는 일은 사장과 직원에게도 그대로 적용된다. 처음에는 겉으로 드러난 필요에 집중하고 책임의 범위 내에서 업무를 수행하다가, 숨겨진 진짜 필요를 캐치해서 진행하고 효과의 단계를 넘어서 효율을 얻기 위해 노력하는 자세를 갖추면, 그때 갑과 을의 위치는 아무 의미 없게 된다. 오직 공통의 목표를 향해 함께 나아가는 파트너로서 서로를 이해하고 관계하는 것이 자연스러워진다.

사장과 직원이 파트너 관계로 발전할 수 있으면 가장 좋다

내가 생각하는 사장과 직원의 바람직한 관계는 갑과 을의 파트너십 관계다. 사장은 갑으로서 자신의 필요와 예산을 분명히 하고, 직원은 을로서 주어진 상황에서 필요를 해결할 수 있는 방법을 제안하고 실행하며 서로 합의한 공통의 성과를 향해서 나아가는 것이다. 그렇게 되면 사장의 리더십과 직원의 팔로워십이 상호 의존적인 관계로 작용하는 것이 매우 자연스러워진다. 갑과 을의 형태는 맞지만 실제로 기능하고 관계하는 방식은 파트너의 형태가 되는 것이다. 그러려면 사장도 직원도 모두 훈련된 사람이어야 한다. 사장은 리더십을 훈련하고, 직원은 팔로워십을 훈련해야 한다.

기업이라는 조직에서 사장은 '상황에 적합한 리더십'을 발휘하고, 직원은 '상황에 유용한 팔로워십'을 발휘함으로써 얻은 결과를 공유하고 성과를 분배하는 것이 당연하게 받아들여지기를 바란다. 그래서 우리가 깨어 있는 시간 중 가장 많은 시간을 보내는 직장이, 우리 몸의 세포 속 미토콘드리아처럼 서로의 성장을 자극하고 사람 살 만한 공간으로 기능하는 에너지 발전소의 역할을 할 수 있기를 바란다.

16 공정하게 나눌 수 있는 방법 찾기

———————— 사과 한 개를 두 사람이 공정하게 나누려면 어떻게 해야 할까? 한 사람이 사과를 자르고, 다른 한 사람이 잘린 조각 중에서 원하는 것을 먼저 선택하면 된다. 그렇게 하면 대부분 사과를 정확히 자르기 위해 노력하고, 그 과정을 지켜본 사람은 그 방식을 공정하다고 인정한다.

이러한 방법이 유용하고 가치 있게 평가받는 이유는 인간의 이기적인 본성이 고려된 방식이기 때문이다. 우리 삶에서는 이러한 방법을 많이 알고 실행하는 사람을 지혜로운 사람으로 인정한다. 실제로 이런 방식으로 진행하면 관계에서 잡음이 잘 생기지 않는다. 이타적인 자세가 아닌 이기적인 자세를 기준으로 삼아서 생각하고 행동하는 것이 오히려 공정함을 담보할 수 있다는 것이 역설적이다.

'진실truth-사실fact-지각perception'의 시각을 정립하라

사장의 관계 리더십 이해의 기초에는 '인간은 이기적'이라는 전제가 기본적으로 깔려 있다. 조직을 운영할 때는 손해 보기 싫어하는 인간의 본성을 당연한 것으로 간주해야 한다. 상대를 더 많이 이해하고 배려하려는 인간 사회의 도덕과 윤리는 오히려 오해와 갈등을 불러일으키는 단초가 된다. 무엇보다 반복성과 지속성에서 문제가 생긴다. 또한 그렇게 행동하는 사장은 불합리하고 이해하기 힘든 유형의 인간으로 치부되는 것이 현실이다.

실제로 인간 사회의 모든 시스템과 판단 기준은 '이기적 인간'을 기준으로 설계되어 있다. 그 모습이 가장 적나라하게 드러나는 곳이 법정이다. 법정에서는 '진실truth'은 무의미한 것이 되고 오직 증거로 입증할 수 있는 '사실fact'만이 가치 있게 받아들여진다. 그래서 법에 익숙하고 법을 최상의 가치로 생각하는 사람이 기업의 리더가 되면 이타적인 가치와 의미를 생각하고 주장하는 사람들과 크고 작은 일에서 부딪치고 갈등을 일으킨다.

목표한 성과를 달성한 사장은 결과에 대한 평가와 동시에 조직원들의 기여도를 고려한 분배 방식을 미리 생각해 두어야 한다. 분배의 방식을 생각할 때 두 가지를 고려해야 한다. 하나는 진실을 전제로 해야 하고, 또 하나는 누구나 인정하고 받아들일 수 있는 사실을 기준으로 삼아야 한다. 그래야 분배 대상이 되는 직원들에게 비로소 바람직한 '지각perception'으로 받아들여진다. 그래서 열심을 가진 초보 사장에게는 '진실truth-사실fact-지각perception'으로 세상을 구분하는 시각을 정립할 것을 강조한다. 분배가 어떻게 이루어지느냐에 따라 리더에 대한 신뢰와 조직의 결속력이 달라진다. 그래서 공정한 분배(공정하다고 지각되는 분배) 방식은 사장이 별도의 덩어리 시간을 내서 고민해야 하는 영역이다.

신뢰를 바탕으로 공정한 분배 방식 찾기

사장의 관계 리더십에서 결속력을 만드는 두 가지 요소가 있다. 바로 음식과 따뜻함, 신체적 보살핌, 그리고 돈 등을 통한 물질적 에너지와 팔로워follower들의 목표에 관심을 기울여주는 정신적 에너지다. 사장은 물질적 에너지와 정신적 에너지의 적절한 조합을 통해 직원들의 신뢰를 얻을 수 있는 자신만의 분배 방식을 찾아가야 한다. 사장이 공정한 분배를 고민하는 이유와 목적이 조직력 강화와 더불어 리더에 대한 신뢰 확보에 있기 때문이다.

사장과 직원의 신뢰를 바탕으로 한 공정한 분배 방식을 찾는 것은 생각보다 어려운 과정이다. '신뢰'란 상대방의 행동을 통제할 수 없는 상황에서 상대방이 내가 예측한 대로 행동할 것이라는 기대와 믿음이다. 그래서 위험과 손해를 감수하고서라도 약속을 지키기 위해 노력하는 사장의 모습이 전제되어야 한다. 대부분의 경우 순간의 영리함보다는 일관성에 기초한 사장의 행동이 조직의 결속력을 더욱 강화한다.

인간이 이기적인 존재라는 객관적 관점을 견지하되 공정한 분배 방식을 고민하고 시도하는 사장의 노력은 소중하다. 그런 노력이 열매를 맺어 직원들의 신뢰를 얻을 수 있으면 사장의 관계 리더십은 더욱 공고해진다. 직원들이 좋아해서 열정을 가질 수 있는 일을 하고, 최고로 강점을 발휘할 수 있는 일을 하고, 기업의 성과에 직결되는 일을 함으로써 얻어지는 성과의 결과물을 공정한 방식으로 배분하고자 노력하는 사장의 태도와 자세는 참 귀하다. 공정한 분배 방식을 찾으려는 사장의 시도와 노력이 시행착오의 과정을 겪을 수도 있다. 그러나 결정적인 순간, 그 노력이 리더를 향한 팔로워들의 믿음으로 되갚아지는 때를 경험할 수 있을 것이다.

17 집요함이 있으면 못 해낼 것이 없다

사장의 관계 리더십에서 마지막으로 강조할 것은 사장의 '집요함'이다. 사장은 기업 경영의 최종 책임자로서 '되게 하는' 핵심 역할자이기 때문이다. 사장이 집요함의 가치를 알고 활용하면 강력해진다. 수준 높은 교육을 받은 사람도, 타고난 천재도, 많은 재산을 가진 사람도, 하는 일마다 잘되는 행운을 가진 사람도, 그 어떤 재능을 가진 이도 결국에는 집요함을 가진 사람을 이기지 못한다. 집요함을 가졌다면 못 해낼 일이 없다.

사장이 체화해야 할 생각의 방식 세 가지

세상에는 헛똑똑이들이 있다. 목적에 위배되는 목표를 지향하는 사람들, 안 해도 될 일을 효율적으로 하기 위해서 노력하는 사람들이 대표적이다. 사장은 월급을 받고 일하는 사람들과는 다른 존재감을 발휘해야 한다. 스스로 헛똑똑이가 되어서는 절대로 안 되며, 조직 내 사람들의 역량이 헛똑똑이들의 놀음에 소모되는 것을 막아야 한다. 그러기 위해서 사장이 체화해야 할 세 가지 생각의 방식이 있다.

첫째, 사장은 항상 초점을 분명히 해야 한다. 그리고 조직 내 모든 활동이 초점에 도달하기 위한 것인가를 확인해야 한다. 만약 그렇지 못한 활동이 있다면 즉시 중단시켜야 한다. 하지만 실행 단계에서 활동이 중단되면 조직의 사기가 크게 떨어진다. 그래서 훨씬 더 효과적인 방식은 모든 조직원이 초점을 분명히 알고 이해하는 상태에서 실행이 이루어지는 조직 환경을 만들고 유지하는 것이다.

사업에서 초점은 목표와 전략으로 드러난다. 기업의 목표는 모든 조직원이 토씨 하나까지 똑같이 기억해야 한다. 그리고 그 목표에 도달하기 위한 전략을 똑같이 이해하도록 도와야 한다. 왜냐하면 실행 단계에서 개인이나 팀 혹은 부서의 강점과 전술적 역량을 바탕으로 전략에 부합하는 다양하고 창의적인 방식을 도모해야 하기 때문이다.

둘째, 모든 사업은 효율을 지향하는 상태를 유지하는 것이 바람직하다. 효율을 지향하는 시기에 돈을 벌 수 있기 때문이다. 그러나 효율이란 효과를 얻었다는 전제하에 의미 있는 개념이다. 즉, 효과와 효율이 모두 이루어져야 한다는 뜻이다. 그래서 사장은 현재 상황이 효과를 지향해야 할 때인지, 효율을 지향할 수 있는 때인지를 잘 구분해야 한다.

또한 효과의 단계를 지나면 조직원들이 효율을 지향하도록 생각과 행동의 초점을 정돈시킬 수 있어야 한다. 효율을 진행하는 상황에서는 효과가 훼손되고 있지 않은지 확인하는 과정을 두고, 실행 현장에서 사람들 스스로가 점검자가 되는 조직 문화를 만들어야 한다.

셋째, 자신의 주변에서 진행되는 모든 일을 필요조건과 충분조건으로 구분해서 생각하고 바라보는 시각을 연습해야 한다. 필요조건이란 '생존의 요건'이며 충분조건이란 '완성의 요건'이다. 모든 사업은 필요조건을 지향하는 상태에서 시작하며, 사업 시작 후에는 충분조건을 갖추기 위해서 노력하는 모양으로 진행된다.

양量적 축적이 필요조건이라면 질質적 전환은 충분조건이다. 효과의 단계가 필요조건이라면 효율을 지향하는 상황은 충분조건이 된다. 오늘 열매를 따는 것이 필요조건이라면 내일을 위해 씨를 뿌리는 것은 충분조건이 된다. 사장은 자신의 사업에서 필요조건과 충분조건을 잘 구분하고, 때에 맞는 생각의 초점과 조직의 실행을 적절한 방식으로 견인할 수 있어야 한다.

공헌할 바에 집중하고 필요한 도움을 요청하기

사장의 관계 리더십은 함께 일하는 직원들과 생산적인 관계를 맺는 것을 기본으로 한다. 따라서 사장 스스로 '내가 현재 위치에서 공헌할 일은 무엇인가'를 생각하고 그 공헌할 바에 집중하도록 노력해야 한다. 또한 자신이 그 역할에 집중하기 위해 함께 일하는 사람들에게 필요한 도움을 요청하는 것을 망설이지 않아야 한다.

1. 사장의 위치에서 공헌할 바를 아는 것
2. 자신이 공헌할 바를 위해 도움을 요청하는 것
3. 상대가 공헌할 바에 집중하기 위해 필요한 도움이 무엇인지 묻는 것

이 세 가지가 사장의 관계 리더십을 고양시킨다. 이 질문에 충실한 사장은 함께 일하는 사람들에게 생산적인 사장으로 평

가받고 기억된다. '안 될 이유'가 '될 필요'보다 훨씬 많아도, 필요하다면 이루어져야 한다. 사장은 상황이나 환경을 핑계 댈 수 있는 위치의 존재가 아니다. '안 될 이유'가 아니라 오직 '될 필요'에 집중하는 역할자로서 태도와 자세를 분명히 해야 한다. 그래서 '~때문에'라고 대답하지 않고 '~덕분에'라고 대답하는 것에 익숙해져야 한다. 눈에 보이는 형태나 요구보다 그것을 통해 얻으려는 최종 가치와 효용에 집중하는 것을 당연하게 생각하고 행동해야 한다.

사장의 관계 리더십을 고양하기 위한 노력은 깨달음으로는 부족하며, 몸에 배게 해야 함을 기억하자. 몰라서 못 하는 사람은 가르쳐서 행동하게 만들고, 알아도 못 하는 사람에게는 실행할 수 있는 계기와 환경을 제공해야 한다. 숙달되면 모든 것이 쉬워진다. 현재의 일에 집중하면서 말이 아니라 행동의 결과로 나타나게 하자.

4장

사장의 조직 리더십

: 모든 활동이 한 방향 정렬되도록 조직한다

개인 리더십이 집을 짓는 기초 공사라면
관계 리더십은 집의 꼴을 만드는 공사다.

이제 조직 리더십을 발휘해야 하는 사장은
'조직격'으로 스스로 훈련하고 행동하며
능동적이고 지속적인 학습을 통해 성장해야 한다.

개별 전투에서 이기는 방식을 체화한 사장이
타인의 역량을 활용하고
사람을 세워가는 과정을 익히면
진정한 의미의 경영자로 거듭난다.

18 사장이 학습해야 할 '조직격'의 내용들

——————— 사장의 조직 리더십의 출발점은 관계 리더십의 출발점과 동일하게 '초점을 공유하는 것'이다. 자기 기업의 목표와 전략을 분명히 하고, 각 부서·사업부의 행동을 한 방향 정렬시키는 조직격을 발휘하고 관리하는 것이 사장의 조직 리더십 행동의 근간이다.

기업이 커지는 만큼 사장도 성장해야 한다

사장의 개인 리더십이 변수가 한 개인 1차원 리더십이라면 사장의 관계 리더십은 변수가 두 개인 2차원 리더십이고, 사장의 조직 리더십은 변수가 여러 개인 다차원 리더십이다. 인간세계에서는 양이 커지고 변수가 늘어나면, 그것이 긍정적이든 부정적이든 질적 전환이 이루어지는 '양질 전환 메커니즘'이 작동한다. 기업의 규모가 작았을 때는 관계 리더십으로 충분했겠지만, 규모가 커졌다는 이유 하나만으로 조직 리더십을 발휘해야 하는 상황으로 변화한다.

이때 자연스럽게 나타나는 현상 중 하나가 사장을 초인超人으로 오해하고 기대하는 것이다. 그러나 한 인간의 역량에는 늘 한계가 있다. 기업의 규모가 커지면 사장도 그에 걸맞게 성장해야 한다. 그러나 현실은 그렇지 못하다. 이것이 내가 사장의 리더십을 '생존의 리더십-개인 리더십-관계 리더십-조직 리더십'으로 구분해서 설명하는 이유이기도 하다. 또한 사장이 능동적으로 학습하는 사람이 되어야 한다고 강조하는 이유다. 관계 리더십과 조직 리더십은 꼴은 유사하나 기업의 크기와 관계에서 경우의 수가 늘어나기 때문에, 문제 해결이나 목표 달성을 위한 접근 방식이 달라진다는 것을 유의해야 한다.

조직 리더십을 갖추기 위해 필요한 네 가지 학습

사장의 조직 리더십은 인간 능력의 한계를 조직을 통해 극복하는 과정에서 도출된 매우 적극적인 행동 양식을 바탕으로 한다. 조직 리더십의 핵심은 '한 방향 정렬aligning'이다. 조직의 각 부문에서 진행되는 활동이 한 방향으로 정렬되도록 조직하고 점검해야 한다. 규모가 커진 조직에서 사장이 가장 어려워하는 영역이기도 하다. 각 부분의 개별적인 힘이 모여 시너지효과를 내는 조직으로 기능하기 위해 사장이 학습해야 할 조직 리더십은 다음과 같다.

첫째, 기업 시스템의 6요소(프로세스process, 조직구조structure, 사람people, 정보information, 의사결정decision making, 보상rewards)에 대한 이해다. 상품 기획부터 상품이 고객에게 전달되기까지의 프로세스 정립, 프로세스를 효율적으로 담아낼 수 있는 조직구조 설계, 프로세스를 수행할 수 있는 사람의 선발 및 운용, 자기 기업에 필요한 정보를 구분해서 지식화하는 방식 정립, 조직이 공감하고 이해할 수 있는 의사결정 기준 확립, 자기 기업의 특성을 고려한 적절한 보상 방식을 정립하는 것이다. 기업 시스템의 6요소6-Rights에 대한 바른 이해와 학습이 사장의 조직 리더십 정립의 첫 단계다.

둘째, 권한 위임(임파워링empowering)에 대한 바른 이해와 학습이다. 사장 외의 부문별 리더들이 개인 리더십과 관계 리더십을 통해 '작은 사장'의 역할을 담당할 수 있도록 훈련하고, 부문별 강점과 특기를 발휘할 수 있도록 독려하고 지휘할 수 있어야 한다.

셋째, 기업과 관련된 이해관계도 한 방향 정렬시켜야 한다. 조직 리더십의 단계에서는 기업 내부의 이해관계 외에도 투자자나 주주 등 기업 외부의 이해관계자들과 우호적인 관계를 유지할 수 있는 자기 방식을 정립해야 한다. 직원, 부문별 리더, 주주 등의 투자자, 사장 자신의 이해관계 등 늘어난 변수들의 이해관계가 상충할 수도 있는 상황에서 사장의 철학과 기업의 색깔을 분명히 할 것을 요구받을 때를 대비해야 한다. 또한 그 과정에서 필연적으로 발생하는 외로움을 각오해야 한다.

넷째, 기업의 규모가 커지고 관계에서의 경우의 수가 늘어남으로써 생기는 문제들을 극복해야 한다. 기업 경영과 직접적인 관계가 없어도 기업의 성과에 영향을 미칠 수 있는 환경이나 법률 등도 유의해서 살펴야 한다. 기업은 규모가 커졌다는 이유 하나만으로 많은 이의 관심의 대상이 되고, 치러야 할 대가들이 늘어난다. 조직 리더십을 발휘할 위치에 있는 사장은, 그 상황을 기회로 활용할 수 있는 자가발전 방식을 습득할 때까지는 예상치 못한 대가를 지불할 수 있음을 알아야 한다. 반복해서 강조하지만 사장의 능동적인 자기 학습을 위해 노력해야 한다.

기업 규모가 커진 상태에서 사장의 조직 리더십은 매우 중요하다. 방향을 지시하고 초점을 정돈해서 기업이 효율적으로 가동되도록 조정하는 핵심 역할자의 위치에 있기 때문이다. 큰 배의 방향타는 엔진의 추동력만큼 중요하다. 사장 개인의 열심보다는 조직원이 같은 방향을 향해서 달려갈 수 있는 관점과 환경을 지속적으로 제안하고 확인해야 한다.

19 시스템의 6요소와 한 방향 정렬의 힘

조직組織, organization이란 어떤 기능을 수행하도록 협동해 나가는 체계다. 목적이 명확하고 부문별 역할이 분명해야 한다. 가장 좋은 사례가 우리 인체人體다. 심장은 산소와 영양분을 실은 혈액을 몸속 곳곳의 세포에게 전달하기 위해 하루 10만 번의 펌핑을 반복한다. 간肝은 소장과 대장을 통해 흡수된 영양소들을 확인하며 외부에서 들어온 독성물질을 해독하고 살균한다. 신장은 혈액 속 노폐물과 불필요한 수분과 무기염류를 오줌으로 배출시켜 혈액 속 이온 농도pH와 혈압을 조절한다. 그 외의 수많은 기관organ이 부여받은 역할에 충실하게 움직이기에 우리 몸은 항상성을 유지하고 생존할 수 있다.

힘의 크기보다 중요한 것은 힘의 방향이다

부분은 전체에 영향을 주고, 전체는 부분에 영향을 준다one for all all for one. 이 말은 인체의 각 기관이 작동하는 근간인 동시에 시스템system 작동의 기본 개념이다. 사장은 조직의 각 부분이 자신의 역할에 최선을 다할 수 있도록 촉구하고, 각 부분의 역할의 합이 최선의 결과를 이끌도록 한 방향 정렬시키는 역량을 지속적으로 키워가야 한다.

그래서 조직 리더십 발휘의 첫 단계는 기업 시스템의 각 요소를 바르게 정립하고 각 부서와 사업부가 부여받은 역할을 제대로 수행하고 있는지 확인하는 것이다. 앞 장에서 강조했듯이 기업 시스템의 6요소와 그 핵심 역할이 무엇인지 알고 조정할 수 있는 실력을 갖추어야 한다.

부분 최적화가 되었다고 해서 시너지효과가 저절로 생기는 것은 아니다. 작용하는 힘의 크기보다 더 중요한 것은 작용하는 힘의 방향이 일치하느냐다. 부문별 힘은 벡터vector의 방식으로 작용하기 때문이다. 힘의 방향이 일치해야 시스템에서 긍정의 방향으로 힘이 더해진다. 그래서 조직 리더십을 발휘하는 위치에 있는 사장은 전체를 볼 수 있는 시선을 갖추고, 그와 동시에 기업의 목표와 전략을 중심으로 각 부문의 활동을 한 방향 정렬시키는 '6-Rights' 활동이 진행되도록 지휘해야 한다.

'6-R'의 구체적인 방식

첫째, 적절한 프로세스Right process. 실행의 모든 단계에서 부가가치 없는 활동을 최대한 줄인다. 동시에 대기 시간을 최소화하는 방식을 찾는다. 사람들이 원활하게 함께 일할 수 있도록 구조와 순서를 만들어야 한다. 일의 흐름을 흐트러뜨리지 않되 유연성이 있어야 한다. 예기치 못한 사고나 돌발 상황, 이해관계가 상충하는 상황을 최소화할 수 있어야 한다.

둘째, 적절한 조직구조Right structure. 같이 일하는 사람들이 같은 기준으로 일하도록 그룹화하고 옳은 보고 체계를 정립해야 한다. 일하는 사람들의 책임과 권한의 균형이 이루어져야 한다.

셋째, 적절한 사람들의 참여 및 구성Right people. 일의 필요에 적합한 사람을 선발해야 한다. 그리고 핵심 업무와 실행에 용이한 방식으로 교육하고 훈련해야 한다. 직원들이 다양한 기술을 개발하고 활용할 수 있는 기회를 제공해야 한다.

넷째, 올바른 정보Right information. 목표 달성과 전략 실행에 필요한 정보를 분명히 하고, 그 정보를 지속적으로 얻을 수 있는 통로를 확보한다. 그리고 그 정보가 조직 내의 필요한 사람들에게 빠르게 전달될 수 있어야 한다. 전해지는 정보는 정확해야 하고 필요한 사람이 쉽게 접근할 수 있어야 한다.

다섯째, 올바른 의사결정Right decision making. 의사결정 기준(경계조건boundary conditions)을 사전에 정립하고 목표 달성과 전략수행에 적합한 의사결정을 할 수 있어야 한다. 전문 지식을 가진 사람과 현장의 필요를 아는 사람이 의사결정 과정에 참여할 수 있는 방식을 찾고, 최선의 선택이 이루어지도록 강제할 수 있어야 한다.

여섯째, 적절한 보상 체계Right reward. 기업의 보상 체계는 이해당사자들의 욕구와 필요를 충족시킬 수 있는 내용과 방식이어야 한다. 조직 내 구성원들이 서로의 성공을 도와줄 수 있는 방식으로 인센티브를 제시할 수 있으면 좋다. 보상의 기준은 공정하고 단순하며 의미 있는 방식으로 진행될수록 효과적이다. 일의 특성과 기업의 특성을 고려해서 물질적 보상rewards과 정신적 보상awards을 적절한 방식으로 조합할 수 있으면 좋다.

6-R의 정립과 유지를 통해 기업의 목표와 전략이 의도대로 진행되고 있는지 점검하고 확인할 수 있다. 만약 자기 기업의 규모가 감사監査를 둘 정도라면 기업이 본래 의도대로 시스템의 6요소를 운영하고 있는지 확인하는 기준으로 삼을 수 있다. 또한 사장이 자기 기업의 비즈니스 리더로서 학습하고자 할 때도 이 여

섯 가지를 기준으로 배움의 내용과 방식을 찾을 수 있다. '6-R'을 중심으로 인적 자원, 물적 자원, 재정 자원, 기술 자원, 조직 운영 방식을 파악함으로써 해당 기업의 전략을 객관적으로 파악할 수 있다.

시스템을 정립하는 과정에서 6요소가 모두 중요하지만, 그중에서도 '적합한 사람'이 가장 중요한 자산이다. 그래서 나는 사장의 조직 리더십의 중요성을 강조할 때 같은 비중으로 직원의 팔로워십도 함께 강조한다. 또한 이 시스템의 운용 과정에서 만들어지는 기업 문화에 주목한다.

건강한 조직을 만드는 키맨key man은 리더다. 리더의 위치에 있는 사장은 자기 존재의 중요성을 바르게 지각하고, 그 위치에 걸맞은 행동을 하는 사명감과 역량을 함께 갖추고자 노력해야 한다. 직원이든 사장이든 먼저 '사람'이라는 자산이 잘 형성되지 않으면 나머지가 모두 어려워진다.

20 조직력의 힘은 뛰어난 재능조차 능가한다

어렸을 적 무협지를 읽을 때마다 의아하게 생각한 것이 있었다. 뛰어난 무공 실력을 가진 강호의 고수들이 왜 자신들보다 개별 역량이 한참 뒤떨어지는 황실 어림군御臨軍에게 늘 밀리는 것일까? 그것은 숫자와 조직의 힘 때문이다.

더 정확히 표현하면 지속적인 조직력의 힘이다. 조직의 효용성은 한 분야에서 강점을 가진 인간이 그 강점을 일에 집중해서 사용할 수 있도록 조직화하는 것이다. 보통 한 분야에 뛰어난 능력을 갖춘 사람은 다른 분야에선 평범한 재능밖에 갖고 있지 않다. 그래서 하나의 전문 분야에서 탁월한 인간을 어떻게 활용할 것인가는 조직 리더십을 발휘해야 하는 사장이 고민해야 할 핵심 영역이다. 각 개인의 강점은 드러내고 단점은 감춰서 전체 힘의 크기를 증폭시키고, 이전에는 불가능했던 일들을 일상적으로 반복하는 상황을 조직을 통해 구현하는 것이다.

목표-전략-전술의 한 방향 정렬

스타급 선수들을 모아놓은 축구 대표팀이 일반 클럽 팀과의 경기에서 지는 경우가 종종 있다. 조직력의 부재가 그 이유다. 전술적 역량이 아무리 뛰어나도 그 역량을 잘 엮어내지 못하면 오히려 안 좋은 결과를 내는 경우가 많다. 조직의 이러한 특성과 작용에 대해서 '점묘법'으로 주황색을 만드는 방식을 생각하면 이해가 쉽다. 캔버스에 찍히는 각 점dot은 분명히 빨간색과 노란색인데 멀리서는 주황색으로 보인다. 존재be는 빨간색 점 또는 노란색 점인데 결과do는 주황색으로 나타나는 것이다.

개개인의 역량을 바탕으로 하되, 그것을 합친 것 이상을 결과로 도출시키는 방식은 동서양을 막론하고 조직 개념을 운용하는 곳에서는 모두 고민하고 시도되어 왔다. 경영의 영역에서 사장은 이를 구체적으로 연구하고 적용하는 것에 관심을 두고 적극적으로 학습할 필요가 있다. 특히 힘을 합치는 구체적인 방식을 가능한 한 많이 배우고 연습해야 한다.

가장 기본은 목표-전략-전술의 한 방향 정렬이다. 조직 운용에서 다음 세 가지가 조직 리더십을 발휘할 사장이 해야 할 역할이다.

1. 목표는 기업의 모든 사람이 토씨 하나 틀리지 않고 똑같이 기억하고 말할 수 있어야 한다.
2. 목표를 달성하기 위해 전사적으로 어떻게 행동할 것인가(전략)를 온전히 이해해야 한다.
3. 개인·팀·부서의 강점과 핵심 역량을 바탕으로 다양한 창의성이 발휘되고 시도할 수 있는 환경을 만들고 운영해야 한다.

사장이 시스템을 통해 조직 리더십을 발휘하는 방식들에 대해서 생각해 보자. 먼저 시스템과 관리자 두 축을 활용해서 시너지효과를 내는 방식이다. 우선 시스템의 역할은 부정적인 부분을 제거하는 데 초점을 둔다. 그래서 최소한으로 생존할 수 있는 안전장치로 작용하도록 하고, 부정적인 부분(bad 또는 not good)이 자동으로 제거될 수 있도록 한다. 그다음은 긍정적인 부분의 강화에 초점을 두어서 최선의 것이 되도록 촉구하며, 개별적이고 예외적인 사항들을 파악해서 처리한다. 우선적으로 최소한의 응급처치를 하는 종합병원 응급실에서 쉽게 접할 수 있는 방식이다.

맥킨지의 MECE 방식을 활용하는 것도 시스템을 이해하는 데 매우 유용하다. MECE는 서로 배타적mutually exclusive이면서도 그것을 합치면 전체를 구성한다collectively exhaustive는 뜻이다. 그래서 MECE 방식을 활용하면 빈틈 없이 필요한 요소를 모두 챙기면서 전체를 커버할 수 있다. 이 방식을 따르면 겉으로는 복잡해 보이는 상황을 핵심 요소들로 재구성해 개별적으로 명확하게 볼 수 있으면서도 전체적인 완벽성까지 모두 잡을 수 있다.

리더를 양성하는 방식을 특화한 일본 기업 교세라의 아메바 경영도 주목할 만하다. 아메바 조직으로 일을 세분화해서 평범한 사람을 타고난 재능을 가진 사람처럼 기능하게 만드는 방식은 매우 특이하고 의미 있다. 특히 사람에 대한 신뢰를 경영의 근간으로 생각하는 기업의 사장에게 많은 통찰거리를 제공한다.

조직력을 극대화하는 방식의 연구와 실행에서 늘 앞선 것은 군대 조직이다. 인류사에서 전쟁은 끊임없이 반복되었고 지금도 진행되고 있으며 앞으로도 계속될 것이다. 전술적 차원에서 다루어지던 무기의 개념이 핵무기의 등장으로 전략적 차원으로 승격되었다 해도, 전술(전술적 역량)이 전략을 만들고 전략이 전술을 지배한다는 실행의 공식은 달라지지 않는다.

기업이 성장할수록 조직 리더십이 더욱 중요해진다

사장이 조직 리더십을 고민하는 것은 기업의 성장과 밀접한 관계가 있다. 기업의 규모가 커지면서 기업 경영의 꼴을 재정립해 가야 하기 때문이다. 자연의 세계에서 알이 애벌레로, 다시 애벌레에서 번데기로, 그리고 결국은 하늘을 나는 나비의 우화羽化로 이어지는 과정을 통해 성장과 조직화를 연결하는 필연성을 통찰洞察하고 통섭統攝, consilience하는 지혜를 배워야 한다. 사장은 자기 기업에 적합하고 능숙하게 사용할 수 있는 전술적 역량을 찾아내고 학습하며, 구체적으로 적용하는 과정을 통해 스스로 성장하고 조직 리더십을 강화한다.

조직의 목적은 이미 존재하는 전문적인 지식을 공동의 과업에 통합시켜서 성과를 달성하는 것이다. 그 과정에서 사장의 조직 리더십은 개인의 전문 지식과 과업을 연결해 각 실행 단계에서 생산적으로 작용하도록 관리하고 통합하는 것이다. 우리는 그것을 '한 방향 정렬'이라고 통칭한다. 조직 기능의 한 방향 정렬을 기본으로 하되, 자기 기업의 특성과 지향에 맞는 조직의 형태와 방식을 찾기 위한 사장의 노력과 학습은 계속되어야 한다.

21 기업이 커질수록 권한위임이 중요하다

기업의 규모가 커지면서 사장뿐만 아니라 부문별 '작은 사장'의 역할이 중요해진다. 이 지점이 사장이 진정한 경영자로 진화하는 분기점이 된다. 경영이란 사장 스스로 직접 나서서 활동하는 것이자, 다른 사람을 통해서 일하며 조직 전체의 성과를 증폭시키는 기술과 지식을 드러내는 과정이다. 한마디로 다른 사람의 지식을 활용하는 기술을 발휘하는 것이다.

작은 사장에게 권한을 위임하는 '임파워링'

조직 리더십을 발휘해야 하는 사장은 이제 작은 사장에게 권한을 위임하고 성과를 낼 수 있는 방식을 전달하고 공유해야 한다. 이 부분이 기업의 규모를 키우는 과정에서 사장이 스스로 점핑할 수 있는 기회이자 동시에 어려움을 겪는 영역이다. 그래서 조직 내에서 '작은 사장'을 임명하고 권한을 위임하는 과정을 별도로 임파워링(권한을 부여하고 할 수 있게 해주기)으로 구분하고 학습할 필요가 있다.

임파워링은 사장의 관계 리더십과 유사한 부분이 있는 동시에 사장의 조직 리더십에서 고유한 모습으로 나타나기도 한다. 그 사람이 이미 가진 것을 '끌어내기'를 해야 한다는 점에서 관계 리더십 활동과 유사하다. 사장은 작은 사장이 자신의 역량을 최대한 끄집어내 활동하게 해서 조직 전체의 성과를 증폭시킬 수 있다. 조직 리더십에서 고유 형태로 나타나는 부분은 전략의 수행 과정에서 '키워주기'가 가능해진다. 작은 사장은 독립적인 활동을 통해 조직의 전체 성과를 증폭하고 자신의 존재감을 드러낼 수 있는 기회를 얻는다. 작은 사장은 팔로워십과 리더십을 동시에 발휘해야 한다.

이때 사장은 임파워링의 수준을 결정해야 한다. 그 수준을 결정하는 두 개의 핵심 변수가 있다. 하나는 파악된 상황의 위험도다. 예측되는 문제와 손실의 정도, 발생할 비용의 크기와 전략적 중요성을 생각해야 한다. 다른 하나는 작은 사장에 대한 사장의 신뢰도다. 작은 사장의 기본 역량은 물론이고 그의 성품과 정직성 등을 신뢰할 수 있는지 고려해야 한다.

'승승 합의'로 기대와 평가 기준 세우기

작은 사장에 대한 사장의 평가에 따라 구체적인 지시부터 자율적 실행까지 적절한 단계의 권한 위임이 이루어질 수 있다. 이 과정에서 임파워링 도구로 '승승 합의win-win agreement'를 활용할 수 있다. 승승 합의의 내용은 작은 사장에 대한 기대와 평가의 기준이 된다.

첫째, 기대 성과를 합의하고 기술한다. 기대 성과를 분명히 하는 것이 중요하다. 그래서 기대 성과는 객관적으로 측정할 수 있어야 한다. 이것은 기업 목표를 설정할 때와 유사하다. 보통 정량적 목표와 정성적 목표를 함께 설정한다.

둘째, 실행 지침을 분명히 한다. 사장이 위임하는 업무를 수행하는 방식에 대한 기준을 공유하는 것이다. 기업의 가치 지향에 대한 태도를 분명히 하고, 핵심 고객들의 요구 조건을 충족시키는 단어와 문구로 지침을 공유해야 한다. 자기 기업의 표준화된 절차와 기업 활동에 관련된 법규와 규정을 공유해야 한다.

셋째, 가용 자원의 내용과 범위를 적는다. 앞서 설명한 6-R을 확인하고 그에 따른 인적 자원, 물적 자원, 재정 자원, 기술 자원, 조직과 시스템을 활용하는 방식을 전달한다.

넷째, 성과를 확인하는 기준을 명시한다. 업무 수행 과정에서 서로의 책임을 분명히 하고, 기대 성과에 도달했을 때 참여한 사람들의 공헌을 평가할 척도를 정하는 것이 좋다. 또한 어느 시기에 어떤 방법으로 업무 진행 상황을 보고할지 명시한다.

다섯째, 결과에 대한 보상 내용을 명확히 한다. 긍정적인 결과를 얻었을 때 돈과 기회, 인정을 포함한 보상의 내용이 무엇인가와 기대 성과를 얻지 못했을 때 조직에 어떤 손실이 있는가를 알아야 한다.

권한 위임을 할 때 주의할 점

사장의 임파워링 과정에서 다음 세 가지 개념을 기억해야 한다. 첫째, 사장의 구심력이 클수록 작은 사장에 대한 큰 원심력의 임파워링이 가능해진다. 반대로 사장의 구심력이 작으면 작은 사장들의 행동을 이해하고 받아들일 수 있는 원심력의 크기가 줄어든다. 사장의 구심력의 크기에 따라 임파워링의 범위가 달라질 수 있음을 꼭 기억하자.

둘째, 영향력의 영역과 관심의 영역을 냉정하게 구분해야 한다. 사장의 영향력을 벗어나는 범위의 임파워링은 위험하다. 그렇다고 해서 위축된 조직 리더십을 발휘하라는 뜻은 아니다. 이때 신뢰의 가치가 드러난다.

신뢰란, 상대의 행동을 내가 통제할 수 없는 상황에서 상대가 내 예측대로 행동할 것이라는 기대다. 또한 내 약점이나 부족함을 드러내도 상대가 그것을 악의적으로 활용하지 않을 것이라는 믿음이다. 보통의 경우 약속을 하고 그 약속을 이행하면 신뢰가 생긴다. 따라서 사장은 조직 내에서 스스로 예측할 수 있게 움직이고 일관성 있는 행동을 하도록 노력해야 한다.

셋째, 분가分家 방식으로 임파워링이 이루어질 때 효과와 효율을 모두 얻기가 용이하다. 만약 기업에서 새로운 영역을 개척하거나 기업의 위험을 벗어나야 하는 돌파 역량이 필요한 상황에서의 임파워링은 신중해야 한다. 그 역할에 적합한 돌파 역량을 가진 사람이 있어야 하고, 사장이 그 사람을 분명하게 신뢰할 수 있는 관계여야 한다.

권한 위임은 사장의 조직 리더십을 객관화할 수 있는 주요한 씨앗이자 동력이다. 따라서 구체적이되 포괄적이어야 하고, 상대의 적극적인 참여를 유도하되 올바른 방식으로 동기부여를 할 수 있어야 한다. 어떤 사람을 작은 사장으로 세우고 사장이 어떤 방식으로 작은 사장들과 관계하느냐에 따라 조직의 확장 범위와 지속가능성이 결정된다.

22 관리자로서의 사장의 역할이 있다

―――――――――― 조직 리더십을 발휘해야 하는 위치에 있는 사장은 구체적으로 리더leader, 코치coach, 관리자manager 활동을 통해 성과를 관리한다. 그중에서 코치로서의 활동을 중심으로 설명한 것이 3장의 관계 리더십과 7개의 지침이다.

이제 관리자로서의 활동을 중심으로 살펴보자. 리더십과 관리를 구분해서 생각해야 한다. 이 두 가지 영역을 구분하는 것은 '전략과 전술'을 구분해서 이해할 때와 유사한 어려움이 있다. 그럼에도 불구하고 구분해서 설명하고 이해시키려는 것은 두 활동이 모두 사장의 조직 리더십 영역에서 꼭 필요하며 고유의 역할과 기능이 있기 때문이다.

리더십과 관리의 차이

리더십이 올바른 일을 찾는 것에 초점을 두고 있다면 관리는 주어진 일을 올바르게 실행하기 위해 노력하는 것이다. 리더십이 목표와 사명에 초점을 두고 있다면 관리는 최종 결과에 초점을 둔다. 리더십이 목적 달성에 초점을 둔다면 관리는 구체적인 방법을 강구하는 것이다. 리더십이 효과성을 추구한다면 관리는 효율성을 추구한다. 리더십이 중요한 일을 처리하려고 노력한다면 관리는 긴급한 일을 처리한다. 리더십이 옳은 방향을 중요하게 생각한다면 관리는 필요에 적합한 속도를 중요하게 생각한다. 리더십이 적절한 방침을 정하는 활동이라면 관리는 정해진 방침을 적절하게 수행하는 것이다.

조직의 운영에서 리더십과 관리가 5 대 5로 작용할 때 그 조직은 안정적인 상태를 유지한다. 이때 조직에서 어떤 위치를 갖고 있느냐에 따라 사장은 리더로서 또는 관리자로서 조직격을 발휘하는 것이다. 결국은 리더십과 관리가 모두 발휘되어야 한다.

자신의 기업을 어떤 형태의 조직으로 구성하는 것이 좋을지 판단하는 것은 사장의 몫이다. 보통은 세 가지 형태의 팀을 생각한다. 먼저 복식 테니스팀이다. 작은 규모와 동료의 개성, 자질,

그리고 강점과 약점에 서로 적응해야 한다. 다른 하나는 축구팀이다. 각자의 고유 위치가 있고, 자신의 위치를 의식하는 동시에 팀 전체가 함께 움직인다. 또 다른 형태는 야구팀 혹은 관현악단 형태다. 모든 구성원들이 고유한 위치에 있으면서 감독이나 지휘자에 맞추어 행동한다. 한국의 사물놀이패와 같은 형태도 있다. 현장의 상황과 구성원의 '흥'에 따라 진행되는 독특한 형태다. 사장의 조직 리더십이 발휘되는 양상은 어떤 조직 형태를 취하고 있는가에 따라 달라진다.

모든 조직 운영의 기초가 되는 네 가지 원칙

조직의 형태와 관계없이 모든 조직 운영의 기초가 되는 원칙들이 있다. 첫째, 조직은 한 가지 과업에 힘을 집중할 때 가장 효과적이다. 다양화는 조직의 수행 능력을 둔하게 만들 수 있다.

둘째, 조직의 사명은 뚜렷하고 명확한 초점을 지향할수록 효과적이다. 조직의 사명이 포괄적이면 한 방향 정렬 활동이 어려워진다.

셋째, 조직은 필요한 인적 자원을 얻기 위해 조직을 외부에 알릴 수 있는 적절한 자기 방식을 찾아내야 한다. 전문성을 지향하는 조직원들의 관심 동선을 파악해서 그들에게 자신의 지식을 활용할 수 있는 특별한 기회가 있음을 드러내고 증명하면 그들의 관심을 얻는 것이 쉬워진다.

넷째, 성과를 중심으로 팀을 구성하고 평가해야 한다. 팀을 구성할 때는 지식을 어떻게 관리할 것인가에 대한 사장의 태도를 분명히 해야 한다. 그래서 어떤 팀을 이용할 것인가는 조직 리더십에서 매우 중요한 의사결정 사항이다.

이미 굳어진 팀을 다른 종류의 팀으로 변화시키기는 매우 어렵다. 팀을 변화시키려면 일의 진행 프로세스는 물론이고 기존의 인간관계를 흐트러뜨리는 과정을 동반해야 하기 때문이다. 그래서 처음부터 적절한 팀을 구성하기 위해 노력해야 한다. 적절한 팀 구성은 리더가 어떤 직무를 수행해야 하는가에 따라 달라진다.

1. 우리가 이루려고 하는 과제는 무엇인가?
2. 과제와 임무 수행에 필요한 활동 내용은 무엇인가?

사장은 끊임없이 배우고, 질문하고, 노력하는 사람이다

사장이 조직을 구성할 때는 일에 적합한 모델을 선택하는 것이 중요하다. 그리고 사장에게 주어진 임무와 역할이 무엇인지 살피고 그에 적합한 사람들을 팀원으로 구성해야 한다.

실행 과정에서는 높은 표준과 기준을 본보기로 세우는 것이 중요하다. 한 사람이 목표를 달성해서 기록을 세우면 다른 사람이 그 기록을 본보기로 뒤따른다. 따라서 교육을 통해서 조직의 수준을 올리려면 '모델 만들기'가 중요하다. 모델 육성에 70%의 힘을 쏟아야 한다. 평균적인 레벨 업을 지향하는 교육은 큰 성과를 올릴 수 없다.

모든 조직은 관리되어야만 한다. 그 과정에서 사장의 핵심 역할은 의사결정을 하는 것이다. 동시에 조직의 사명을 분명히 하고 조직의 정신과 성과를 관리하고 결과에 책임져야 한다. 현대 조직에서 사장의 주된 역할은 명령하는 게 아니라 영감을 불어넣는 것이다. 만약 조직 구성원들이 스스로를 경영자로 인식하고 행동할 수 있다면 최고의 조직 리더십을 발휘하는 것이다.

효과적인 리더십은 영리함이 아닌 일관성에 기초한다. 따라서 사장 스스로 원칙에 따라 살고, 다른 사람을 원칙으로 이끄는 성품과 역량을 갖출 수 있어야 한다. 사장의 언행일치는 신뢰를 얻기 위한 필요조건이다. 효과적인 조직 리더십을 발휘하는 사장은 끊임없이 배우고 질문한다. 자신의 기업에 적합한 방식을 찾아내기 위해서다. 사장은 자기 쇄신을 위해서 노력하는 사람이다. 신체적·정신적·사회적·영적 차원을 부단히 쇄신한다. 조직 리더십 정립을 위한 노력의 과정은 기업 경영을 통해 구도자의 모습으로 승화될 수 있다.

23 자기 기업에 맞는 조직 문화를 만들어가라

———————— 인간이 만든 것에는 모두 수명이 있다. 경영의 영역에서도 예외가 없다. 그래서 효용성을 다한 것이 폐기되는 것을 당연하게 생각해야 한다. 조직 리더십을 발휘하는 위치의 사장은 피터 드러커가 강조했던 질문, '우리가 지금까지 이 일을 해오지 않았다면 오늘 우리는 이 일을 시작할 것인가?'를 묻고, 그 대답이 '아니오'라면 그 일을 가능한 한 빨리 멈출 방법을 찾아야 한다. 그리고 더 이상 생산적이지 않은 일에 투입된 자원을 정돈해서 내일의 기회 영역에 투입해야 한다.

개인뿐만 아니라 조직 역시 과거에 좋았던 경험과 추억에서 자유롭기가 쉽지 않다. 그러나 환경이 바뀌고 상황이 변하는 비즈니스 현장에서 사장은 분명한 태도를 취해야 한다. 사장은 오늘의 자원을 내일의 기회에 우선적으로 사용하는 모습을 조직원 모두가 쉽게 알 수 있는 방식으로 드러내야 한다. 이것이 사장의 조직 리더십 행동에서 매우 중요한 부분이다. 또한 자신의 기업에서 조직적 폐기가 반복되는 것을 적극적으로 이해하고 수용할 수 있는 기업 문화를 만들고 유지해야 한다.

비즈니스는 결과를 만드는 게임이다

만약 하나의 핵심 가치를 중심으로 사람들의 마음이 모일 수 있다면 최고의 조직이 될 수 있다. 가치 지향만이 사람들의 마음을 하나로 모을 수 있기 때문이다. 많은 기업이 자신에게 적합한 기업 문화를 만들고 정착시키기 위해 애를 쓰지만, 건강하고 생산적인 조직 문화는 실제로는 조직원들이 스스로 만들어가는 것이다. '문화'란 핵심 가치를 지향하면서 목표를 추구하는 과정에서 자연스럽게 형성된다.

그래서 조직원들에게 비즈니스의 본질과 성격을 가르쳐야 한다. 비즈니스는 결과를 만드는 게임이다. 따라서 목표한 성과를 얻을 수 있어야 하고, 그 과정에서 자신이 공헌할 초점을 분명히 해야 한다.

비즈니스는 실행의 게임이다. 구체적으로 행동해야 하고 생각하면서 일해야 한다. 자신이 생각하는 것이 행동의 최대치maximum임을 자각해야 한다.

비즈니스는 효율의 게임이다. '이것이 최선인가?'를 묻는 습관을 가져야 하고, 정리-정돈-청결의 습관을 갖도록 훈련해야 한다. 목표하고, 실행하고, 시행착오를 겪으며 초점을 정돈하고 개선하면서 성과에 접근할 수 있기 때문이다.

사장은 비즈니스 리더로서 조직 전략에 부합한 전술적 역량이 무엇인지 조직원들이 명확히 알게 해야 한다. 그리고 조직원들이 스스로 축적한 역량을 드러내는 기회의 장場을 마련해야 한다. 성공한 조직원의 모습을 보여주는 것이 가장 큰 동기부여가 된다. 그 과정에서 조직이 지향하는 핵심 가치를 분명히 하고, 조직원이라면 그 가치를 누구나 이해할 수 있게 해야 한다.

조직의 목표(단기·중기·장기)는 모든 조직원이 토씨 하나까지 똑같이 말할 수 있어야 한다. 그리고 그 목표에 도달하기 위해 조직이 어떤 전략으로 접근하고 있는지 확인해야 한다. 그뿐만 아니라 개인·팀·부서가 조직의 전략을 중심으로 창의적 다양성을 발휘할 수 있어야 한다. 그 과정에서 자기 기업의 성격과 성과의 원동력을 분명히 알아야 한다.

사장의 가치에 대한 집착은 신념에서 비롯되고, 조직 리더십을 발휘하는 사장은 조직 문화의 시작점이 된다. 가치에 대한 신념에 목표 의식이 덧붙여질 때 비전이 생긴다. 그리고 조직의 핵심 이념과 사장의 철학 및 신념이 어우러져 조직 문화가 시작된다. 또한 분명한 필요와 아이디어가 접목될 때 문화가 구체화되고 자기 기업에 걸맞은 문화 형태가 생겨난다. 그래서 사장은 핵심 가치에 집착하되 주변 요소들에는 너그러울 수 있어야 한다.

조직 리더십을 갖추고 싶은 사장에게 전하는 조언

마지막으로 조직 리더십을 갖추고 비즈니스 게임에서 성과를 얻고 싶은 사장에게 몇 가지 조언을 전하려 한다.

첫째, 사장은 외로움과 스트레스를 이겨낼 수 있어야 한다. 최종 의사결정을 해야 하고 그에 대한 책임을 져야 하기 때문이다. 따라서 외로움과 스트레스를 해결할 방법을 찾아내야 한다. 만약 술과 권력 과시를 그 방법으로 선택한 사장이 있다면, 그는 사업에서는 성공했어도 인생에서는 실패자가 될 수 있음을 알고 경계해야 한다.

둘째, 사장은 성과를 관리하는 사람이다. 주어진 환경 속에서 제한된 자원을 가지고 목표한 성과가 이루어지도록 이끌 수 있어야 한다. 따라서 전략을 세울 수 있어야 하고, 목표에 접근할 수 있는 핵심 아이디어를 수용하고 장애물을 넘을 수 있는 방법의 단초를 찾아내거나 제공할 수 있어야 한다.

셋째, 사장은 아이디어를 관리하는 자기 방식을 정립해야 한다. 조직 내에서 아이디어가 다니는 길목을 알아야 한다. 목표와 전략에 합당한 아이디어를 찾아내어 생명력을 불어넣는 행동이 사장의 동선 곳곳에서 나타날 수 있으면 좋다.

넷째, 조직 리더십을 발휘해야 하는 사장은 사람을 키우는 자기 방식을 정립해야 한다. 아울러 상황과 필요에 따라 적절히 권한 위임을 할 수 있어야 한다. 조직의 사람들이 스스로 자랄 수 있는 틀을 갖추기 위해 노력해야 한다. 성과에 대해서 늘 기억하되, 그에 대한 요구는 드러나지 않게 하는 것이 효과적이다.

다섯째, 팔로워들에게 일에 대한 자신의 지침이나 철학을 부지런히 말해야 한다. 특히 '무엇으로 고객에게 공헌하는가?'를 반복해서 묻고 구체적인 지시를 하는 습관을 길러야 한다. 사람들은 애매한 지시에는 움직이지 않는다. 또한 어려운 내용은 간단한 말로 단순화시켜 전하는 연습을 해야 한다. 실행 가능한 간단한 지시에 힘이 있기 때문이다. 장점을 칭찬하는 것만으로도 팔로워들을 성장시킬 수 있다. 세 가지를 칭찬하고 한 가지의 고칠 것을 말하도록 연습하라.

조직 리더십을 갖춘 사장은 푸념하지 않고, 낙담하지 않고, 혀를 차지 않는다. 항상 앞을 향하는 자세로 임한다. 열정을 가지고 장래를 이야기하라. 리더는 이상적인 미래상의 창조자다. 부하 직원 개개인에게 애정을 전하라. 의욕의 근원은 리더다. 조직의 방향 99%를 결정하는 것은 리더고, 그 미래를 결정짓는 것은 리더의 열정이다.

조직의 비전은 사장의 개인적인 가치관에서 시작한다. 그러나 개인적인 가치로 시작된 비전이 공통적인 가치가 되기 위해서는 보편성을 가져야 한다. 자기 사업의 특수성과 누구에게나 공유 가능한 보편성을 가진 분명한 메시지를 개발하고, 직원들의 개인 가치에 기업의 가치가 연결될 수 있는 방식을 찾아야 한다.

사장의 리더십은 따르는 사람(팔로워)들 속에서 온전하게 드러난다. 진정한 리더십을 발휘하는 사장은 함께하는 사람들의 잠재력을 고스란히 실현할 수 있게 도와준다. 기업의 핵심을 보존하고 함께 일하는 사람들의 발전을 자극하는 사장의 조직 리더십을 통해, 자신의 기업이 '상황을 만드는 지식'으로 넘치는 공간이 될 수 있도록 힘쓰고 노력하자.

2부

직원의
팔로워십

A BUSINESS ADMINISTRATION CLASS

5장

회사 생활에 대한 객관적 관점 갖기

: 리더십과 팔로워십의 관계

회사의 모든 직원은 리더를 따르는 팔로워다.
사장과 직원의 관계는 결코
단순히 갑과 을의 획일적 관계로 고정될 수 없다.

사장이 리더십을 발휘해야 하는 것처럼
직원 역시 팔로워십을 발휘해야 한다.

사장과 직원 중 한 사람만
자신의 역할을 제대로 수행해도
조직은 어느 정도 이상의 성과에 접근할 수 있다.

24 회사는 선택할 수 있어도 상사는 선택할 수 없다

——————— 기업의 운영에서 사장의 리더십은 매우 강조되지만 직원의 팔로워십은 거의 다루어지지 않는다. 그러나 기업 조직에서 사장의 리더십이 한쪽 날개라면 직원의 팔로워십은 다른 쪽 날개로 존재하고 기능한다. 두 역할자의 초점은 동일하다. 바로 '성과'다.

둘의 차이점은 한 가지뿐이다. 리더는 한 명이고 팔로워는 다수라는 것이다. 그래서 둘의 관계를 하나의 공식으로 쉽게 설명할 수 있다.

Leadership = f(성과, 팔로워)

Followership = f(성과, 리더)

사장의 리더십은 팔로워가 누구이며 어떤 상태인가에 의해서 결정되어야 하고, 직원의 팔로워십은 리더가 어떤 사람이냐에 따라 달라져야 한다는 뜻이다. 리더십과 팔로워십을 결정하는 본질이 자신이 아니라 조직의 목표와 상대에게 있음을 아는 것이 핵심이다.

팔로워십을 발휘하기 위한 여섯 가지 관점

부하 직원으로서 팔로워십을 제대로 발휘하기 위해 꼭 알아야 할 여섯 가지 관점이 있다.

첫째, 회사는 선택할 수 있어도 상사는 선택할 수 없다.

둘째, 능력이 아니라 위치가 일한다.

셋째, 가치에 대한 객관적 관점을 공유한다.

넷째, 기대로 평가받을 때와 능력으로 평가받을 때가 다르다.

다섯째, 회사는 기대보다 조금 더 하는 사람에게 높은 점수를 준다.

여섯째, 팔로워십은 변형된 리더십이다.

이직의 이유 중 가장 높은 비율을 차지하는 것이 상사와의 갈등이다. 만약 지금 일하는 직장에서 좋은 상사를 만났다면 큰 행운으로 여겨야 한다. 반대로 까다롭고, 자기중심적이고, 쉽게 화내는 상사를 만났다면 그것이 더 일반적이라는 사실을 알자. 까다로운 상사를 무조건 참고 수용하라는 뜻이 아니다. 어떤 경우가 더 일반적인지 구분하라는 뜻이다.

실제로 현실의 직장인 대다수는 행운아가 아니다. 학창 시절 어떤 선생님을 만나느냐를 선택할 수 없었던 것처럼 회사에서 어떤 상사를 만나느냐 역시 선택할 수 없는 영역이다. 조직 생활을 하겠다고 마음먹었다면 까다로운 상사를 당연하게 여겨야 한다. 새로운 부서, 새로운 회사를 찾아도 문제는 해결되지 않는다. 회사는 선택할 수 있어도 상사는 선택할 수 없기 때문이다.

그럼 어떻게 해야 할까? 문제를 피하려고 하지 말고 그 문제를 해결할 수 있는 능력을 키우는 것이 답이다. 상사가 마음에 들지 않는다고 그때마다 회사를 바꿀 수 없기 때문이다. 그러니 사장에게 리더십을 강조했던 것처럼 직원은 상사와의 관계를 정립하는 기술, 즉 팔로워십을 학습해야 한다. 상사는 선택할 수 있는 대상이 아니다. 따라서 호불호를 넘어 상사의 특성을 이해하고 활용하는 방식을 습득해야 한다.

25 능력이 아니라 위치가 일한다

회사 생활에서 문제 해결 능력보다 우선되는 것이 있다. 바로 그 문제를 해결할 위치에 있느냐다. 누가 그 위치에 있느냐에 따라 일의 진행이 달라진다. 그래서 회사 생활을 하는 사람은 '능력이 아니라 위치가 일한다'는 말을 잘 이해하고 받아들여야 한다.

상사의 강점을 드러내고 약점을 보완하기

회사 생활에서 상사는 조직 생활의 시작과 끝이다. 그래서 팔로워십을 발휘해야 하는 직원은 상사를 인정하는 연습과 훈련을 해야 한다. 이때 부하 직원이 꼭 알아야 할 것은 상사의 현재 위치가 저절로 얻어진 것이 아니라는 점이다. 그가 그 위치에서 일할 수 있는 객관적인 이유가 존재한다는 사실을 무시해서는 안 된다. 그래서 현재의 상사가 자신에게 최선의 사람이라고 생각하는 마음가짐이 필요하다. 그러지 않으면 답답하고 불공정해 보이는 현실에 머리가 돌아버릴지도 모른다.

반대로 문제를 해결해야 하는 위치에 있는 상사는 그 위치에 걸맞은 능력을 갖추기 위해 노력해야 한다. 아울러 사장은 그 상사에게 권한 위임을 하기 전에 그 자리에 적합한 능력을 지닌 사람인지 확인해야 한다. 그리고 그 사람이 위치에 맞는 능력을 갖출 것을 지속적으로 요구하고, 자신의 팀이 도달해야 할 곳이 어딘지 알고 전략적으로 행동하도록 도와야 한다.

이 부분이 팔로워가 주목해야 할 부분이다. 자신의 상사를 중심으로 팀의 역량이 극대화되도록 상사의 강점을 부각하는 것이 중요하다. 부하 직원으로서 자신의 상사가 성취를 지향하며 효율적으로 일할 수 있도록 돕는 것이다. 〈007 시리즈〉 영화에서 주인공 '제임스 본드'에게 자료 및 정보를 제공하는 비서 '머니페이'나 미국 드라마 〈슈츠〉에서 비중 있는 역할을 담당하는 비서 '도나'를 떠올리면 쉽게 이해할 수 있을 것이다.

팔로워십의 핵심은 상사의 강점을 유효하게 만들고 약점을 보완하는 것이다. 상사의 강점이 드러나도록 돕고 상사의 단점을 자신의 강점으로 보완할 수 있으면 가장 좋다. 단, 자신이 상사를 끌고 가려는 태도를 보이지 않도록 조심해야 한다. 상사가 객관적으로 다소 부족해 보이더라도 상사를 과소평가하지 않는 태도를 유지해야 한다.

팔로워십은 제2의 리더십이다

팔로워십은 변형된 리더십이다. 그래서 리더를 움직이는 제2의 리더라고 스스로를 생각하는 관점을 기를 수 있으면 좋다. 리더와 팔로워는 역할만 다를 뿐이다. 그 역할에 충실하고 힘이 합쳐질 때 조직의 강점이 발휘된다. 요즘같이 평등한 문화가 사회를 지배하는 분위기에서는 더욱 그런 인식이 중요하다. 리더도 팔로워도 조직에서 한 역할을 담당하면서 함께 성과 목표에 도달하는 협력자로 인식하고 행동하는 것이 중요하다.

리더가 팔로워를 변화시키려고 하기보다 그가 가진 강점을 잘 활용하기 위해 노력해야 하듯이, 팔로워도 리더를 평가하는 데 멈추지 말고 그의 강점이 잘 드러나게 하라. 실제로 리더를 잘 다루는 것이 팔로워의 책임이요 권리가 될 수 있다.

상사의 강점을 완전히 살리려고 노력하자. 만약 상사가 반드시 해야 할 일이 있다면 그가 쉽게 이해할 수 있는 형태로 제안하라. 상사의 강점을 잘 살리는 것이 부하 직원이 성과를 올릴 수 있는 핵심 열쇠다. 보스를 잘 다루는 방법을 터득해서 조직에서 자신의 가치를 높여가길 바란다.

26 가치에 대한 객관적인 관점을 공유하자

——————— 한 사람의 가치를 어떻게 평가할 수 있을까? 보통은 그 사람이 가진 능력을 기준으로 가치를 가늠한다. 성적이 좋은 학생, 판매 성적이 뛰어난 세일즈맨, 일류대에 많은 학생을 진학시킨 학교 혹은 학원, 수출 실적 1위 기업 등. 특히 조직 내에서 가치를 인정받는 사람들은 주어진 과제(목표)를 계속해서 달성해 가는 사람이거나 어떤 영역의 전문성을 가진 사람들이다. 평가의 초점이 주로 문제 해결 능력에 맞춰져 있다.

가치 판단의 기준은 능력과 태도 두 가지다

종종 능력이 너무 뛰어나서 문제가 되는 경우가 있다. 금고나 열쇠를 여는 기술이 너무 뛰어나서 금고 털이로 수배된 도둑들, 컴퓨터와 네트워크를 다루는 뛰어난 기술로 기업이나 공공기관의 전산망을 헤집고 다니는 해커들, 다른 사람을 설득하는 기술이 너무 뛰어나서 뉴스 기사에 자주 이름이 오르내리는 사기꾼들. 뛰어난 능력을 가졌어도 그것을 사용하는 방향이 옳지 못하면 오히려 뛰어난 능력을 부정적인 영향을 끼치는 데 사용하게 된다. 그래서 가치를 판단하는 데는 능력 외에 한 가지 개념이 더해져야 하는데, 바로 태도다.

가치value 평가에서는 두 가지 변수인 능력ability과 태도heart를 조합했을 때 객관적인 평가가 가능하다.

$$\text{가치(Value)} = \underset{[0,\ \infty)}{\text{능력(Ability)}} \times \underset{(-1,\ +1)}{\text{태도(Heart)}}$$

이 공식에서 주목할 것이 두 가지 있다. 하나는 두 변수가 더하기가 아닌 곱하기로 연결된 방식이고, 다른 하나는 범위다. 능력(A)의 범위는 $0 \leq A < \infty$이고, 태도(H)의 범위는 $-1 < H < +1$이다. 능력은 최하가 0(죽음)이고 개발에 따라 무한히 높아질 수 있

다. 또한 세상에는 절대 악인惡人도 절대 선인善人도 없으므로 H의 범위에는 -1과 +1 값은 포함되지 않는다.

한 사람의 태도가 플러스 값을 갖고 있을 때 능력이 크면 클수록 가치가 높아진다. 그러나 태도가 마이너스 값일 때는 능력이 클수록 가치는 오히려 떨어지게 된다. 반대로 능력이 부족한 경우에는 조직이나 사회에 끼치는 나쁜 영향이 줄어든다. 즉 능력은 가치의 크기를 결정하고 태도는 가치의 쓸모를 결정한다.

개인이나 조직의 가치를 이해하고 성장 방향을 설정하는 데 있어서 'V = A × H' 공식을 이해하는 것은 큰 도움이 된다. 부족한 부분과 강화시켜야 할 부분을 쉽게 파악할 수 있기 때문이다. 특히 능력과 태도가 균형을 이루어야 그 가치가 증대된다는 사실을 이해하는 것이 중요하다. H를 플러스 상태로 유지하면서 A값을 지속적으로 키워가는 것이 조직에서 자신의 가치를 높이는 유용한 방식이다.

27 기대로 평가받을 때와 능력으로 평가받을 때가 다르다

———————— 경쟁에서 이기는 것이 선善이 되어버린 지금의 현실에서 가치를 판단하는 공식이 'V ∝ A'(가치는 능력에 비례)가 됨을 결코 무시할 수 없다. 그러나 그것은 절반만 유용한 공식이다. 가치를 평가하는 온전한 공식은 'V = A × H'임을 알고 회사 생활에서 자기 가치를 높이는 전략적인 사고와 행동이 무엇일지 깊이 생각해 봐야 한다.

이때 조직 생활에서 H가 플러스(+)라는 것이 무엇을 의미하는지 명확히 이해하는 것이 중요하다. 이것은 생각과 행동의 방향성과 관계가 있다.

그림 27-1

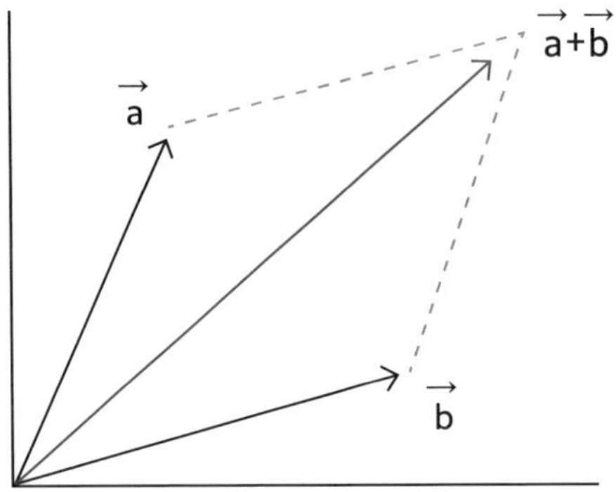

방향이 같아야 힘을 합칠 수 있다

먼저 힘의 크기와 힘이 작용하는 방향을 구분해서 생각해야 한다. 고유의 힘 (å)이 방향을 가질 때 ($\vec{a}$) 비로소 그 가치가 결정된다. 그다음으로 조직을 통해서 a라는 힘과 b라는 힘이 합쳐지는 방식을 이해해야 한다(그림 27-1).

a힘과 b힘의 방향이 일치할수록 합쳐진 힘의 크기가 커진다. 그러나 둘의 방향이 다르면 힘의 합은 각 힘이 개별적으로 작용할 때보다 오히려 작아진다(그림 27-2).

조직에서 그 사람의 가치는 힘을 합치는 방식을 알고 활용하는 역량과 연관성이 높다. 그래서 회사에서 일할 때 자신의 회사가 어떤 전략을 가지고 있으며 어떤 목표에 도달하기 위해 노력

그림 27-2

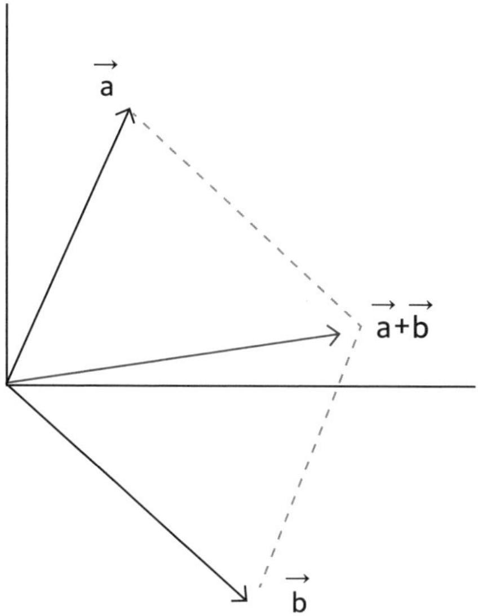

하고 있는지를 아는 것은 매우 중요하다. 또한 자신의 강점이 전략의 수행 과정에서 어떻게 유용하게 사용되는지 파악할 수 있으면 더욱 좋다. 회사의 전략과 자신의 강점을 연결하면 자신의 가치를 더욱 키울 수 있다. 그러니 회사에서 일하면서 자신의 강점을 드러내는 것을 넘어서, 그것이 기업의 전략에서 유용하게 활용될 수 있는 방식을 찾아내는 시각을 개발하도록 노력하자.

이때 한 가지 더 생각해야 하는 부분이 있다. 조직에서 기대로 평가받을 때와 능력으로 평가받을 때가 다르다는 것이다. 보통의 기업 조직에서 사원과 대리 정도의 직급이라면 확인된 능력과 가능성의 크기가 평가의 기준이 된다. 그러나 팀장처럼 책임자의 위치라면, 힘의 크기와 함께 그 힘이 조직의 전략에 부합하게 작용하는지의 여부가 평가의 중요한 기준이 된다.

앞의 내용을 종합해서 회사에서 어떻게 자신의 가치를 높이는 활동을 할 수 있을지 생각해 보자. 현재 위치에서 자신이 요구받는 공헌의 내용은 무엇인가? 자신이 담당한 업무의 목적은 무엇인가? 그 일이 단순한 일work이 아니라 구체적인 목표 활동task으로 의미 있으려면 어떻게 해야 할까?

회사의 목표와 핵심 전략을 파악하는 과정에서 자신의 부서나 팀에게 맡겨진 역할이 무엇인지 확인하자. 또한 현재 자신이 기대로 평가받는 위치인지 아니면 구체적인 성과로 평가받는 위치인지 구분하자. 그리고 일이 진행되는 전체적인 그림 속에서 자신이 해야 할 역할의 초점과 방식을 정돈하자.

28 회사에서는 어떤 사람에게 높은 점수를 줄까?

——————— 다음 네 가지 경우 중에서 회사는 누구에게 더 높은 점수를 줄까?

1. 지시 없이도 필요한 일을 하는 사람
2. 지시를 받고 필요한 일을 하는 사람
3. 한 번 이상 재촉받고 나서야 필요한 일을 하는 사람
4. 필요한 일을 전혀 하지 않는 사람

일단 4번이 아닌 것은 분명하다. 보통은 1번이라고 생각한다.

그러나 항상 그런 것은 아니다. 1번과 2번, 3번은 작업 부서의 형편이나 상황에 따라 달라진다. 상사의 관점에서 '만족스러움'의 기준이 무엇이냐에 따라 달라진다는 뜻이다. 만족에 대한 객관적인 정의가 무엇인지 생각해 보자.

만족이란 '기대보다 결과가 더 큰 상태'를 말한다. 그래서 결과의 크기가 무조건 큰 상태가 아니라 '기대보다' 큰 상태인지가 중요하다. 따라서 질문에 대한 답은 팔로워에 대한 리더의 기대가 어떠했느냐에 따라 달라진다. 상사의 기대보다 조금 더 하는 행동을 반복하면 그 사람에 대한 평가 점수가 높아진다.

상사의 기대보다 조금 더 하라

회사는 일하는 사람에 대해 평가할 때 그가 일을 자발적으로 하는지 안 하는지보다는 필요한 일이 제때 진행되는지 아닌지에 초점을 둔다. 일단 필요한 일을 하는 사람인지가 중요하다. 그 사람의 자발적인 태도에 대한 평가는 그 사람보다는 오히려 그의 상사에 대한 평가로 이어진다. 대부분의 동기부여는 상사의 몫(역할)이기 때문이다.

그럼 필요한 일이란 무엇일까? 회사의 성과에 영향을 주면서 자신의 업무수행 영역에 존재하는 것은 모두 필요한 일이다. 상사가 직접적으로 요구하고 확인하는 것도 있고, 그 일을 수행하는 자신 외에는 알지 못하는 것들도 있다.

실제로 상사가 부하 직원에게 지시 또는 요청할 수 있는 일의 범위는 대부분 직접적인 성과와 연결되는 것들이다. 그러나 요구된 일을 수행하는 과정에서 다른 사람은 몰라도 자기 눈에는 보이는 일들이 있다. 이런 일들은 추가로 노력한다고 해서 당장 눈에 보이는 평가로 나타나지 않는다. 그런데 이때야말로 자신의 가치를 높이는 행동을 할 기회다. 당장은 드러나지 않아도 근본적으로 필요한 일을 '조금 더 하는 것'이다.

이런 '조금 더 하기'는 스스로 동기부여 되어 있지 않는 한 행동에 옮기기 어렵다. 일 자체에 초점을 두어서 스스로의 동기로 일할 때 나타나는 행동이기 때문이다. 아무도 시키지 않은 일을 행동으로 옮길지는 본인의 판단에 달려 있다. 분명한 건 그때가 자기 가치를 높일 수 있는 기회가 된다는 것이다.

일의 근본적인 필요와 자신이 그 일을 해야 하는 이유 연결하기

회사에서는 필요한 일을 해야 한다. 필요한 일은 두 형태로 구분할 수 있다. 하나는 눈에 보이는 필요한 일이고, 또 하나는 눈에 보이지 않지만 필요한 일이다. 눈에 보이는 필요한 일은 당장의 평가를 좋게 하고, 눈에 띄지 않는 필요한 일은 자신의 미래 가치를 높인다. 회사 생활에서 눈에 띄지 않는 필요한 일을 하는 경우는 대부분 스스로 동기부여 되어서 일할 때다. 그리고 행동의 근본적인 이유가 자신의 내면에 있어서 쉽게 반복할 수 있다.

자기 일의 근본적인 필요와 자신이 그 일을 해야 하는 이유를 연결하는 연습을 해보자. 외부에서 동기부여 되어서 일할 때보다 스스로 동기부여 해서 일할 때 훨씬 더 쉽게 효율적인 행동이 이루어진다. 또한 회사 생활에서 자신의 가치를 높이는 첫째 행동 양식을 자기 습관으로 만들 수 있다. 필요한 일은 은밀하게 이루어지지만, 일정 시간이 지나면 다 드러나게 되어 있다.

29 팔로워십은 변형된 리더십이다

———————— 회사에서 좋은 상사를 만났다면 큰 행운이다. 그러나 좋지 않은 상사를 만났다고 해서 부정적으로 받아들여서는 안 된다. 그런 상사는 곧 교체될 가능성이 높다. 따라서 그런 상황에 맞닥뜨리면 자신이 팔로워로서 어떻게 행동할 것인가에 대해서 생각하자. 상사의 강점이 발휘되도록 하고 그의 약점을 보완하도록 노력하자.

상사가 미운 것과 일이 되게 하는 것을 구분해서 생각해야 한다. 특히 어떻게 하면 상사가 성취 지향적으로 행동하고, 효율적으로 일하게 할지를 생각하고 연구하자. 상사의 성공이 궁극적으로 자신에게 도움이 되기 때문이다.

상사가 성취 지향적으로 행동하게 만들어라

상사를 성취 지향적으로 만든다는 것은 상사가 가진 에너지를 조직의 성과에 집중하게 하는 것이다. 상사가 주변 상황을 이해하는 데 에너지를 뺏기지 않고 전체 성과를 중심으로 생각하고 행동하게 하는 것이다. '내가 무엇을 하면 당신을 도울 수 있는가?' '내가 어떻게 할 때 당신은 방해를 받는가?'를 질문하고 그의 대답을 듣고 관찰하면서 성과에 집중할 수 있도록 하는 것이다.

먼저 상사가 어떤 유형의 사람인지 파악하자. 사소한 내용도 즉시 보고해 주기 원하는가, 아니면 알아서 처리해 주기 원하는가? 하찮은 내용이라도 목차로 정리한 보고서를 원하는가, 아니면 구두 설명을 바라는가? 읽는 사람인가, 아니면 듣는 사람인가? 팀 내부 의견이 엇갈릴 경우 어떤 방식으로 처리되기를 바라는가? 상사가 가장 편안한 방식으로 일할 수 있게 하는 것이 팔로워십에서 중요한 비중을 차지한다. 예스맨이 되라는 뜻이 아니다. 예스맨들의 행동은 분명히 상사를 편안하게 해주지만, 일반 사람들의 상상과 달리 상사는 예스맨을 좋아하지 않는다.

상사가 효율적으로 일하게 만들어라

이제 어떻게 하면 그가 효율적으로 행동하게 도울 수 있을지 생각해 보자. 효율적인 행동이란 최소한의 것(즉, 효과)에서 멈추지 않고 최선의 결과를 얻기 위해 노력하는 상황을 말한다. 목적지까지 이동하되 최고의 연비를 유지하면서 달리는 자동차, 오늘의 문제를 해결하면서 내일의 목표를 달성하기 위한 기초를 다지는 것, 1+1의 행동을 통해 3의 결과를 얻어내는 것을 말한다.

상사의 약점을 보완하고 강점이 드러나도록 행동하는 것이 효율적으로 일하게 하는 핵심이다. 마케팅에 뛰어난 상사지만 숫자와 분석을 힘들어할 경우, 마케팅에 관한 의사결정을 유도하면서 재정 분석에 대해서는 사전에 깊이 있게 준비하는 것이다. 상사가 들으면서 학습하는 스타일이라면 보고서와 정보는 핵심만 정리하고 주변 내용은 구두로 설명하는 것이 효과적이다. 그렇게 일하는 팔로워를 둔 상사는 자신의 부하 직원이 자신을 떠나 다른 곳으로 갈까 봐 신경 쓰고 조심하지 않겠는가?

상사 역시 자신과 마찬가지로 좋은 점과 나쁜 점을 가진 한 개인임을 알아야 한다. 그래서 상사를 교육하거나 변화시키려는 것은 현실적이지도 않고 바람직하지도 않다. 그 사람 자체를 이해하고 어떻게 하면 그가 더 적절하게 성과에 접근할 수 있을지 생각하는 것이 지혜로운 태도다. 상사의 강점과 약점, 바람, 일처리 방식을 잘 알고 소화할 수 있어야 한다.

자신의 상사를 현명하게 다루는 법

상사를 다루는 것은 부하 직원을 다루는 것보다 더 쉽다. 그리고 더 단순하다. 해야 할 것 두 가지와 하지 말아야 할 것 두 가지를 알고 실행하면 된다.

해야 할 것

1. 상사를 성취 지향적이고 효율적으로 일하게 만들기
2. 상사의 강점을 유효하게 하고 약한 부분을 보완하기

하지 말아야 할 것

3. 상사를 놀라게 하지 않기
4. 상사를 과소평가하지 않기

1, 2번은 앞서 설명했고 4번은 앞서 '능력이 아니라 위치가 일한다'에서 강조했다. 그리고 3번은 팔로워의 위치에서 실수하지 않도록 유의해야 한다. 특히 상사가 자신과 관련된 중요한 내용을 다른 사람을 통해 듣는 상황을 피해야 한다. 이것은 신뢰와

연결된 부분이기 때문이다.

만약 새로운 상사를 만나는 경우 그가 무엇을 중요하게 생각하는지 파악하고, 일하는 방식을 이해하고, 그가 피하려고 하는 상황을 기억해야 한다. 상사가 자신을 신뢰할 수 있는 사람이라고 받아들이기 전까지는 지나치게 적극적으로 행동하지 않아야 한다. 믿음이 없는 상태에서 이뤄지는 팔로워의 적극적인 행동은 리더에게 자신을 통제하려는 모습으로 비춰질 수 있다.

상사와의 관계의 기초는 '신뢰' 구축이다. 따라서 자신이 중요하게 생각하고 힘을 집중하는 것이 무엇인지 상사도 알 수 있도록 해야 한다. 거기에 더해 상사가 자신을 제대로 이해하고 있는지 확인하는 것이 좋다. 자신에게 기대할 수 있는 것, 자신의 목적과 목표, 자신의 우선순위 등을 상사가 알 수 있으면 좋다. 그 내용이 바람직하지 못하거나 상사가 좋지 않게 생각해도 상관없다. 중요한 것은 자신이 무엇을 하려고 하는지 상사가 이해하고 있어야 한다는 뜻이다. 상사가 "나는 ○○이 무엇을 하려고 하는지 알고 있다"고 말할 수 있으면 좋다. 그리고 자신에게 무엇을 기대하고 무엇을 기대해서는 안 되는지, 자신이 전혀 관심 없는 것이 무엇인지 알게 해야 한다.

조직에서 부하 직원의 강점과 약점, 장점과 단점을 파악하고 부하 직원이 언제 동기부여 되는지를 파악하는 일차적인 책임은 상사에게 있다. 그래서 팔로워 입장에서는 상사가 그렇게 노력할 때 구체적으로 반응할 준비를 하고 있어야 한다. 만약 지금 당신의 상사가 그렇게 행동하고자 노력한다면 어떻게 반응할 것인지 스스로 점검해 보자.

지금까지 바람직한 리더십과 팔로워십을 얘기했지만 실제 상황에서는 그렇지 않은 경우가 대부분이다. 그래서 팔로워의 위치에서 조직 생활은 늘 힘든 것임을 각오해야 한다. 능력이 아니라 위치가 일하기 때문이다.

만약 지금 좋은 상사를 만났다면 리더십과 팔로워십의 긍정적인 어우러짐을 경험하고, 팔로워로서 유용한 행동 요령을 구축할 수 있어야 한다. 팔로워 관점에서 어떤 상사가 좋은 상사인지 정리하면 다음과 같다.

1. 자신의 사명이 완벽한 직원을 만드는 게 아니라 각자의 독창성을 최대한 활용하도록 하는 것이라고 생각하는 상사
2. 부하 직원의 재능을 찾아내고 그 재능이 더욱 빛을 발하도록 도와주는 것을 자신의 일로 여기는 상사
3. 부하 직원의 생각을 들여다보고 그 사람의 스타일과 목표, 욕구, 동기부여 방식의 차이를 파악할 줄 아는 상사

지금 같이 일하는 상사가 그런 사람이라면 감사한 마음으로 그 기회를 살리도록 하자. 상사가 자신을 파악하려고 노력할 때가 자신을 알릴 수 있는 가장 좋은 기회임을 알고 잘 활용하자.

6장

회사 생활에서 자기 가치 높이기

: 일곱 가지 성취 공식

회사 생활에서 자신의 가치를 높이는
일곱 가지 행동 요령이 있다.

처음 세 가지는 곱씹고 이해해서
몸에 배게 하도록 노력하고,

다음 세 가지는 가볍게 읽으면서
자신의 마음에 다가오는 것을 소화해서 활용하고,

마지막 한 가지는 꼭 알고 유의해야 한다.

30 태도 위에 능력을 더하라

"아~ 태도를 플러스 상태로 유지하면서 능력의 크기를 키우면 되겠군요!" 한 보험사에서 특강을 끝내고 질문을 받는 시간에 차장급 매니저가 한 말이다. 내가 두 시간 동안 했던 강의를 자신에게 효과적으로 적용한 한 줄 요약이 당일 강의의 가치를 한껏 높여주었다. 20년 가까운 시간이 흘렀는데도 당시 그 대답을 했던 사람의 표정을 기억한다.

리더의 위치에 있는 사람이 평가하는 멋진 팔로워의 모습은 생각보다 단순하다. 리더는 배우고 알게 된 것을 즉시 자신에게 적용하려는 자세를 가진 사람을 만났을 때 가장 기쁘다. 그 모습에는 리더에 대한 신뢰와 인정이 함께 담겨 있기 때문이다.

자신의 강점이 잘 사용될 수 있는 곳을 찾아라

"어떤 회사가 좋은 회사일까요?" 내가 대학 졸업반 학생들을 대상으로 강의할 때 꼭 하는 질문이다. "S전자요" "L유통이요" "저를 뽑아주는 회사요…. 하하하!" 농담 반 진담 반의 대답들 대부분은 급여가 높고 대우가 좋은 대기업을 우선으로 꼽는다. 현실적으로 실현이 가능한가는 차치하고 적절한 답이 아니다. 내가 강조하는 답은 자신의 강점이 잘 사용될 수 있는 곳이다. 정확히 표현하면 자신의 H(태도)를 플러스로 유지하면서 A(능력)의 크기를 키워갈 수 있는 곳이다.

회사에서 자신의 가치를 높이는 시작점은 자신의 H가 플러스인가를 먼저 확인하는 것이다. 자신의 강점 또는 핵심 역량을 발휘할 수 있는 환경일수록 H의 플러스 값이 높아진다. 그리고 지금 하는 일이 자신이 좋아하는 것이면 H의 값이 쉽게 커진다. 또한 회사가 지향하는 핵심 가치와 자기 삶에서 지향하는 바가 일치할수록 H는 플러스 방향으로 작용한다.

H가 플러스 상태라는 것은 일반적으로 강조하는 긍정적인 태도나 적극적인 자세와는 다소 차이가 있다. 같은 방향성을 갖느냐가 중요하다. 조직에서 역할을 담당하는 사람이 되려면 같

은 방향성을 가져야 비로소 힘을 합칠 수 있기 때문이다. 같은 방향성을 가지면서 A의 크기가 클 때 자신의 가치를 제대로 드러내고 인정받을 수 있다.

현재 다니고 있는 회사에서 자신의 강점을 사용하기 어렵다면 그곳에서 계속 일할 것인지 진지하게 고민해야 한다. 또한 자신이 속한 기업이 지향하는 바와 자기 삶에서 중요하게 생각하는 것이 다를 때도 시간을 갖고 깊이 생각해야 한다. 조직 생활에서 자기 가치를 높이려면 기본적으로 태도 위에 능력을 더하는 방식으로 접근해야 하기 때문이다. '못생긴 나무가 산을 지킨다'는 말을 들어본 적이 있는가? 능력의 크기가 다소 부족해도 조직의 지향과 자기 삶의 지향이 같은 곳에서 긴 시간 일하며 조직에 맞는 능력을 키워온 사람이 살아남는다는 것을 객관적인 관점으로 설명한 말이다.

타고난 역량, 환경을 통한 경험의 축적, 개인적인 노력 등을 통해 능력을 키우는 데는 오랜 시간이 걸린다. 그러나 태도는 마음먹기에 따라서 또는 자신에게 적절한 환경을 선택함으로써 쉽게 플러스로 전환할 수 있다. 꼴찌 반을 맡아서 반 전체 성적을 올리는 담임선생님이나 2002년 월드컵에서 축구 국가대표팀을 4강으로 이끈 히딩크 감독이 했던 핵심적인 역할은 팔로워들의 능력이 아닌 태도를 플러스로 만들어 힘을 합치고 전체 가치를 키워내는 방식이었다. 이러한 행동을 자기 삶에서 얼마나 능동적으로 구현하느냐에 따라서 조직에서 자신의 가치를 키워낼 수 있는 여부가 달라진다.

내 태도가 플러스로 유지되는 곳인가?

자기 삶의 지향과 맞지 않음에도 불구하고 현재 드러난 역량의 크기를 기준으로 삼아서 판단하고 결정하는 어리석음을 범하지 말라. 회사 생활을 하는 직원들은 '나의 태도가 플러스로 유지되는 곳인가?'를 먼저 물어야 한다. 나의 강점이 무엇이며, 지금 내가 일하는 곳이 그 강점을 잘 발휘할 수 있는 곳인가를 생각하라. 또한 내가 속한 회사가 지향하는 방향이 내 삶의 지향과 같은 방향인가를 생각하라. 만약 그렇지 않다고 판단되면 그 간극을 줄이기 위해서 노력하고, 가능한 한 빨리 그곳에서 다른 곳으로 이동할 방법을 찾아야 한다.

현재 자신의 능력이 뛰어나다고 해서 회사에서 가치를 인정받을 수 있는 것은 아니다. 회사가 지향하는 바와 자기 삶에서 지향하는 바를 일치시킬 수 있어야 한다(H를 플러스로 유지하기). 그리고 자신에게 주어진 업무에서 문제 해결 능력을 높여가는 데 시간을 할애하고 노력하라(A 높이기). 태도 위에 능력을 더하는 순서를 기억하자.

31 What을 명확히 공유하라

사내에서 인정받는 A씨에게는 단순하지만 매우 효과적인 의사소통 방법이 있다. 그는 주로 사장님께 직접 일을 지시받는데, 사장님은 그와 대화할 때마다 매우 기분 좋은 모습을 보인다. 다른 사람들이 결재받지 못하는 서류도 A씨가 가지고 들어가면 쉽게 결재가 이루어진다. 그에게 어떤 노하우가 있는 것일까? 요령은 생각보다 단순하다.

'How를 요청받으면 What을 묻고, What을 요청받으면 Why를 확인한다.'

목적why, 목표what, 아이디어how로 구분하기

모든 일에는 그 일을 하는 근본적인 이유와 목적why이 있고, 그 목적을 달성하기 위한 목표what가 세워지고, 그 목표를 효과적으로 실행하기 위한 방법과 아이디어how가 필요하다.

A씨는 사장에게 How 수준의 일을 지시받으면 무엇what을 위해서 그렇게 하려고 하는가를 물어서, 지시받은 방법 외에 더 효과적이거나 효율적인 방법이 있으면 구체적으로 제안하거나 실행했다. 또한 What의 수준에서 일을 지시받으면 그 일을 하는 이유와 목적why이 무엇인지 물어서, 외부 환경의 변화나 조직 내 의사결정의 변화 등을 감안하여 그 목표를 조정하거나 조정의 필요를 먼저 제안했던 것이다. 사장이 A씨를 신뢰하고 인정하는 데는 분명한 이유가 있었다.

어떤 상황을 이해하거나 내용을 전달받을 때는 그것을 Why, What, How로 구분해서 정돈하면 전체를 효과적으로 이해할 수 있다. 이때 How 부분은 What을 이루어내기 적합한지 확인하고, What 부분은 Why를 충족시키는지 검토해야 한다. 상호 연계성이 충분히 이해되지 않는 경우에는 뭔가 빠진 부분은 없는지 확인할 필요가 있다. 누군가에게 어떤 내용을 전달할 때도 그 내용을 Why-What-How로 구분해서 설명하면 더 명확히 전달할 수 있다.

효과적인 전달을 위해 상대가 한 명일 때, 소수 집단일 때, 다수 집단일 때를 구분해서 전달하는 순서와 방법을 바꿀 필요가 있다. 논리적으로는 Why → What → How 순서로 전달하는 것이 맞지만, 사람들의 주의를 집중시키는 데는 What → Why → What → How 순서를 따르는 것이 효과적인 경우가 많다. 전달 내용의 비중도 전달받는 사람이 누구냐에 따라 달라지기 때문이다. 의사결정을 해야 하는 경영자들은 Why-What에 주로 관심을 두고, 실행 지침을 이행하는 실무자들은 What-How에 관심을 둔다. 보통의 경우 What을 명확하게 이해하는 것이 중요하다.

How의 단계에서 What을 확인하기

대한민국 기업사에 신화를 썼던 고 정주영 회장의 자서전을 통해 널리 알려진 이야기가 있다. 1950년, 한국전쟁을 하던 시기에 현대건설은 미8군으로부터 어려운 주문을 받는다. 한국전쟁에 출병한 각국 유엔 사절들이 참배할 부산의 유엔군 묘지에 잔디를 입혀 달라는 것이었다. 하지만 당시는 한겨울이었고, 시간도 5일밖에 없었다.

한겨울에 잔디라니, 당혹스러운 요청이었지만 당시 현대건설의 정주영 사장은 잔디를 입혀 달라는 주문을 '묘지를 파랗게 단장해 달라'는 주문으로 소화해 냈다. 그래서 낙동강 일대의 벌판에 푸릇푸릇하게 올라온 어린 보리를 떠다 묘지에 입혔다. 미8군은 만족스러워했고 현대건설은 일반 공사비의 세 배나 되는 금액을 받을 수 있었다.

만약 잔디how에만 집착했다면 문제를 해결하기가 어려웠을 것이다. 그러나 What(잔디를 통해 무엇을 얻고자 하는가)을 생각하자 새로운 해결책을 찾아낼 수 있었다. 잔디how → 푸른색what → 어린 보리how의 순서다. How 단계에서 생긴 문제를 What을 확인함으로써 해결한 것이다.

회사 생활에서 맡겨지는 대부분의 일들은 How 수준의 것이다. 그런데 How 단계에서 생긴 문제를 또 다른 How로 풀려고 하면 답이 쉽게 찾아지지 않는다. How의 문제에 대한 해결책을 얻으려면 What을 확인해야 한다. How 단계의 문제를 해결하기 위해서 What을 검토함으로써 새로운 How를 찾는 접근 방식은 환경이나 상황에 구애받지 않고 반복해서 사용할 수 있다.

일work이 아니라 목적task이다

세 명의 사람이 뙤약볕 아래서 일하고 있었다. 지나가던 행인이 물었다. '지금 무슨 일을 하고 있나요?' 첫 번째 사람이 대답했다. '네, 돌을 다듬고 있습니다.' 두 번째 사람에게 같은 질문을 했더니 이렇게 대답했다. '네, 기둥으로 쓸 돌을 다듬고 있습니다.' 세 번째 사람은 이렇게 대답했다. '네, 집을 짓는 데 기둥으로 쓸 돌을 다듬고 있습니다.' 세 사람은 같은 일을 하고 있었지만, 그들은 자신을 돌을 다듬는 사람, 기둥을 만드는 사람, 집을 짓는 사람으로 다르게 인식하고 있었다는 것을 알 수 있다.

현재 자신이 하고 있는 일work이 무엇task을 하기 위한 것인가를 아는 것이 중요하다. What이 분명할 때 How 단계에서 생기는 문제는 새로운 아이디어를 모색할 좋은 기회가 된다. 꼭 기억하자. 'Work가 아니라 Task다.' 그리고 What을 명확히 파악하고 공유하자.

32 효과를 넘어 효율을 추구하라

회사에서 진행되는 업무 활동은 두 형태로 구분할 수 있다. 하나는 효과效果, effectiveness를 지향하는 활동이다. 요구받은 일정한 결과만 얻으면 되는 것이다. 효과란 결과의 크기가 일정 기대치를 넘어선 것을 말한다. 그 결과를 얻기 위해 얼마를 투입했느냐는 상관이 없다. 결과의 크기가 일정 수준 이상이냐가 중요하다.

또 다른 하나는 효율效率, efficiency을 지향하는 활동이다. 효율이란 결과output를 투입input으로 나눈 수치(비율)다. 같은 결과라면 투입의 크기가 작을수록 효율이 높다. 투입의 크기가 같다면 결과의 크기가 클수록 효율은 더 커진다. 요구받은 결과를 만들 때 투입하는 노력이나 비용을 줄이면서 일하는 것이 효율적이다.

모든 비즈니스 활동은 효과의 바탕 위에서 효율을 추구할 때 안정된다. 그러나 효과가 기준이 되어야 할 때와 효율이 기준이 되어야 할 때를 구분하지 못하면 큰 낭패를 당할 수 있다. 새로운 일을 시작하거나 경험 없는 일을 할 때는 우선 효과를 얻는 것이 중요하다.

그러나 반복되는 일이나 조직 운영에서 비중이 높은 일들은 효과로는 부족하다. 효율을 추구하고 얻을 수 있어야 한다. 효과를 얻는 것은 일의 기본일 뿐이다. 회사에서 일하는 대부분의 직원들이 효과를 얻으면 자신의 일을 다 했다고 생각하는 경향이 있다. 그러나 그렇지 않다. 궁극적으로 비즈니스는 효율의 게임이기 때문이다.

효과에 효율을 더하는 시도와 노력은 늘 가치 있다

효과를 추구하는 시기는 효율을 추구하는 시기에 비해 에너지는 많이 사용해도 돈은 되지 않는 시기다. 그저 생존할 수 있을 뿐이다. 눈사람을 만들 때 가운데 덩어리(스노우볼snow boll)를 만드는 시간에 해당한다. 스노우볼을 먼저 만들고 이후에 눈이 많이 있는 곳에서 그것을 굴려서 눈사람을 만들 수 있다. 처음부터 완성된 형태의 눈사람을 만들려는 시도는 대부분 실패로 끝난다. 어떤 일을 새로 시작하기 어려운 이유가 거기에 있다.

효과를 추구하는 시기에는 대부분 부가가치를 만들기 어렵다는 사실을 기억하자. 그래서 경험 없는 일을 하면서 효율을 얻을 수 있다고 생각하고 시도하면 결과적으로 어리석은 행동이 된다. 아무리 숙달된 사람도 처음에는 효과의 범위 안에서 행동할 수밖에 없기 때문이다. 그렇게 효과의 단계를 거쳐야 비로소 효율을 추구하는 것이 가능하다.

반대로 회사에서 일할 때 효과의 단계를 넘었다고 해서 그 정도면 되었다고 생각하는 경우가 있다. 어렵게 효과의 시기를 넘어와 효율을 추구해야 하는데, 그 상태에서 멈추는 것 역시 아쉬운 행동이다. 그래서 현명하게 일하는 사람은 효과를 요구받을 때 효과를 얻기 위한 실행 과정에서 효율을 더할 수 있는 틈새를 기억해 둔다. 그리고 자신의 업무에서 효율을 요구받을 때는 효율을 추구하되, 효과의 범위를 벗어나는 것은 아닌지 꼭 확인한다. 효과에 효율을 더하는 것은 더 많이 일하라는 뜻이 아니다. 더 나은 성과를 얻도록 노력하라는 뜻이다.

자기 업무에서 효과를 요구받을 때 효율을 덧붙이는 행동이 자연스러워지려면 어떻게 해야 할까? 회사의 일이라고 생각하던 일을 자기의 일로 받아들일 때 비로소 자연스러워진다. 상사는 자발적으로 효과와 효율을 추구하는 부하 직원을 신뢰할 수밖에 없다.

회사에서 자신의 가치를 높이는 요령

회사 생활을 스마트하게 하는 사람이 되는 핵심 요령 세 가지를 요약해 보자.

1. 효과를 요구받을 때 효과를 달성하면서 효율을 덧붙일 수 있는 방식을 생각한다.
2. 효율을 요구받을 때는 효과가 유지될 수 있는 범위에서 효율을 추구한다.
3. 효과에서 효율로 평가의 기준이 바뀔 수 있음을 염두에 두고 자신에게 주어진 업무 수행 방식을 정립한다.

효과와 효율의 관계와 일의 흐름을 생각할 때 한 가지 더 유의할 점이 있다. 조직 내에서 자신이 담당하는 업무의 판단 기준이 효과에서 효율로 바뀔 때다. 지금까지 똑같은 일을 해왔어도 이전과는 다른 평가 기준, 즉 효과에서 효율로 평가 기준이 달라졌음을 알고 긴장해야 한다. 업무평가의 기준이 효과에서 효율로 바뀌는 경우 기존의 관성에서 벗어나지 못하면 어려움에 빠질 수 있다.

그래서 가능하다면, 자신에게 주어지는 일의 내용과 관계없이 효과의 단계를 넘어서면 스스로 효율을 추구하는 습관을 만드는 게 좋다. 상사의 요구를 그대로 수용하는 것은 60점짜리 행동, 그 요구를 잘 수행하는 것은 80점짜리 행동, 상사가 요구하는 것의 핵심과 근본적인 이유를 이해하고 요청받은 효과에 자발적으로 효율을 더하는 것은 95점짜리 행동이다. 이렇게 스스로 기준을 정하고 일하는 것이다.

비즈니스 조직에서는 결국 효과와 효율을 모두 요구받게 되어 있다. 그래서 자발적으로 미리 준비하고 때에 맞게 행동하는 것이 회사에서 자신의 가치를 높이는 요령이다.

33 생산적이 되어라

———————— 회사 생활에서 가장 인기 있는 사람은 누구일까? 바로 일 잘하는 사람이다. 자신의 업무를 지원하거나 도와주는 동료를 가장 호의적으로 평가한다. 회사에서 좋은 인간관계를 맺는 가장 쉽고 효과적인 방법은 상대에게 생산적인 사람이 되는 것이다. 생산적인 사람으로 인식되고 받아들여지는 것이 회사 생활에서 동료들과의 관계를 정립하는 초점이 된다. 생산적이 된다는 것은 일하는 과정에서 구체적으로 도움이 되는 상황을 반복하는 것이다. 업무 그 자체에 대한 것일 수도 있고 개인의 삶에서 도움이 되는 어떤 것일 수도 있다.

다른 이에게 도움이 되는 상황 만들기

전국에 가맹점을 둔 한 프랜차이즈 브랜드 사장님의 경험을 소개한다. 어느 날 해당 지역의 가맹점을 방문했는데 가맹점 사장님이 매우 초조한 모습을 보였다. 사장님이 그 이유를 묻자 예상치 못한 답을 들었다. "오늘 집에 제사가 있는데 매장 근무자가 없어서 지금 고민 중입니다." 이유를 들은 사장님은 즉시 "제사 음식 준비하는 것을 제가 도와드리면 어떨까요?" 하고는 대리점 사장님의 집에 가서 제사 음식 준비를 도왔다. 참 쉽지 않은 행동이었지만 그 후 두 사람의 관계가 매우 돈독해졌을 것은 분명하다.

내가 직접 비슷한 태도를 가진 분을 만났던 경험도 있다. 차를 팔고 보험을 파는 세일즈의 세계에서 늘 좋은 성적을 거두는 두 분과 긴 시간 얘기할 기회가 있었다. 당시에 세일즈 경험이 아예 없었던 나는 매우 놀라운 요령이자 비결을 들을 수 있었다. 어떤 사람이 도움이 필요한 상황에 있거나 자신에게 도움을 요청할 때, 거절하지 말고 방법을 찾아서 상대가 그 문제를 해결할 수 있도록 도우라는 것이었다. 그러면 자신에게 도움을 받은 상대는 곧 "당신은 어떤 일을 하고 있나요?"라고 물으며 자신의 상품을 매우 건전한 방식으로 구매하거나 그 상품이 필요한 다른 사람을 소개한다는 것이다. 그분은 그러한 태도와 자세를 갖고 삶의 반경을 넓히는 것이 세일즈에서 지속적으로 성과를 낼 수 있는 핵심이라는 가르침을 내게 주었다.

공헌할 바를 알면 서로에게 생산적일 수 있다

내가 상대에게 생산적이 되면 상대 역시 내게 생산적이 된다는 것을 기억하자. 회사 생활에서 동료에게 생산적이 되는 구체적인 요령은 '공헌'에 초점을 맞추는 것이다. 상대가 공헌할 바가 무엇인지 알고 그 공헌에 상대가 집중하는 과정에서 필요한 부분을 돕는 것이다. 실제로 상대의 공헌할 바에 초점을 맞춘 내 행동이 반복되면 회사 생활에서 생산적인 인간관계는 그다지 어렵지 않게 된다.

1. 자신이 공헌할 바를 명확히 안다.
2. 자신이 공헌할 바에 집중하기 위해 필요한 것이 있다면 동료에게 도움을 요청한다.
3. 동료가 공헌할 바에 집중하기 위해서 자신이 도와줄 것이 무엇인지를 묻는다.

이 세 가지 질문에 성실하게 답하고 행동하는 것이 회사 생활에서 동료들과 좋은 인간관계를 맺을 수 있는 기본 요령이다.

회사가 지향하는 성과에 자신이 어떤 공헌을 해야 할지를 먼저 알자. 자신이 공헌할 바를 중심으로 자기의 시간과 에너지를 집중하면 스스로에게 생산적이 되는 것이고, 동료 역시 그가 공헌할 바에 집중할 수 있도록 도와주면 상대에게 생산적이 되는 것이다. 그렇게 서로의 공헌을 위해 무엇을 도울 수 있을까를 묻고 행동하는 것이 조직에서 가장 효과적이고 생산적인 관계를 맺는 요령이다. 그리고 그 요령을 알고 실행하는 사람이 조직에서 가치 있게 평가받을 수 있다.

34 예측 가능한 사람이 되어라

——————— 회사 생활에서 최선의 인간관계는 동료에게 생산적인 사람이 되는 것이다. 생산적이 된다는 것은 서로의 공헌할 바를 알고 그 공헌에 집중할 수 있도록 서로 돕는 관계를 말한다. 함께 일하는 과정에서 구체적으로 도움을 줄 수 있어야 하고 동료에게 도움이 될 수 있는 존재로 인식되어야 한다. 먼저 자신이 공헌할 바를 중심으로 정리–정돈–청결의 습관을 갖도록 노력하라. 그리고 팀의 일부로 활동하자. 특히 예측 가능한 사람으로 행동할 수 있어야 한다(정리–정돈–청결의 습관은 뒤에서 자세히 설명하겠다).

예측 가능한 사람이 되는 세 가지 방법

예측 가능하다는 것은 세 가지 믿음을 주는 행동을 반복할 때 생긴다. 첫째, 생활적 믿음이다. 들어오고 나가는 것을 분명히 하는 것이 좋다. 업무 시작 10분 전, 업무 마감 10분 후가 출퇴근 시간이다. 자신의 일과 관련해서는 비밀이 없어야 좋다. 그리고 자신이 회사에서 하는 활동을 팀원들이 알게 해야 한다. 가능한 한 현재의 일을 하면서 다른 일을 기웃거리지 말 것을 권한다.

둘째, 심리적 믿음이다. 믿음을 주도록 행동하는 것이다. 자신이 일하는 목적과 목표를 공유하는 것이 좋다. 또한 회사에서 자신의 위치에 적합한 행동을 할 것을 권한다. '능력이 아니라 위치가 일한다'는 것을 잊지 말라. 무엇을 어떻게 해야 할지 모를 때는 묻는 것을 두려워하거나 창피해하지 말라. 대신 다음에 다시 같은 상황에 처했을 때 배워서 알게 된 것을 실행하는 모습을 보이면 오히려 좋은 평가를 받는다.

셋째, 행동적 믿음이다. 실수를 인정하라. 최선을 다하고 난 후의 결과에 대해 부담 갖지 말라. 누구나 실수할 수 있다. 본의 아닌 자신의 실수를 인정하고 그 실수에 대한 대가를 지불하는 것에 핑계 대지 말라. 대신에 같은 실수를 반복하지 않도록 주의하자.

상대를 이해하는 만큼 협력할 수 있다

회사 생활은 늘 팀으로 이루어진다는 것을 잊지 말아야 한다. 따라서 첫째, 자기 몫을 다할 수 있어야 한다. 그리고 자신에게 맡겨진 일의 완성도를 높이기 위해 노력해야 한다. 만약 가능하다면 기대보다 조금 더 할 수 있으면 좋다. 혹시 팀을 대표할 상황에 놓이면 평소보다 조금 더 강한 책임감을 발휘하도록 하자.

둘째, 팀의 활기를 위해서는 무엇이든 하려고 노력하자. 부정적인 언어를 사용하지 않고 개인사를 팀의 필요보다 지나치게 앞세우지 않아야 한다. 상황에 적절한 유머를 구사할 수 있으면 금상첨화다.

셋째, 공정한 배분 방식을 찾자. 팀의 성과를 공정하게 배분하는 방법을 생각해야 한다. 앞서 3장의 '공정하게 나눌 수 있는 방법 찾기'에서 리더에게 강조했던 공정한 배분 방식을 자신의 상황에 적절하게 적용하자. 동시에 부서장과 팀장의 평가와 배분을 공정한 것으로 받아들이는 자세를 갖자.

회사에서 동료들과 함께 일한다는 것은 '2인 3각' 게임을 하는 것과 같다. 상대가 나를 이해하는 만큼 협력이 가능해진다. "이런 상황이니까 저 친구는 이렇게 할 거야"라고 동료가 말할 수 있으면 좋다. 같이 일하는 동료들에게 자신이 예측 가능한 사람이 되었다는 것은 신뢰가 형성된 것이고, 팀의 일부로서 어떤 기대를 해야 하는가를 인식시킨 것이며, 관계에서 안정감을 제공하고 있다는 뜻이다.

예측 가능하다는 것은 동료와 생산적인 관계를 추구하기 위한 필요조건이기도 하다. 스스로에게 질문해 보자. '나는 함께 일하는 동료들에게 예측 가능한 사람인가?'

35 아이디어맨이 되어라

――――――――― 회사 차원의 목표와 전략을 명확히 알고, 자신의 부서와 자신에게 업무가 배당된 상태에서 일상의 업무를 수행하는 것이 보통의 회사 생활이다. 이때 반복되는 업무 수행 과정에서 '저 사람은 아이디어가 많아'라고 평가받을 수 있으면 자기 가치가 자연스럽게 높아진다. 성실한 노력으로 아이디어맨이 될 수 있는 두 가지 방법을 소개한다.

일상에서 아이디어 노트 적고 활용하기

첫 번째 방법은 자신만의 '아이디어 노트'를 만드는 것이다.

이것은 기록에서 시작한다. 주변 생활에서 좋은 아이디어라고 생각되는 것이 보이면 아이디어 노트에 기록한다. 신문이나 잡지, 길거리 간판, 드라마 대사 등이나 책을 읽으면서 눈에 들어오는 내용을 아이디어 노트에 옮긴다. 책의 줄거리나 주제와 관계없이 아이디어라고 생각되는 것은 모두 적는다.

노트를 펼쳤을 때 오른쪽 면에 구체적인 내용과 사진 등을 첨부하고, 왼쪽 면에는 그 아이디어 활용에 대한 자신의 의견을 적는다. 그리고 회사 생활에서 아이디어가 필요할 때 아이디어 노트를 앞에서 또는 중간부터 쭉 읽어간다. 읽다가 '탁' 하고 걸리는 부분이 있으면 그 부분을 빼 와서 자신의 현재 필요에 맞추어 재정리하는 방식이다.

아이디어에 접근하는 기본 태도는 노하우Know-How가 아닌 노웨어Know-Where다. 많은 자료와 경험, 지식이 바탕이 되어야 한다. 이때 아이디어 노트는 핵심 도구다. 한 영역의 내용이나 모양을 그대로 다른 영역으로 옮기는 것만으로도 새로운 생각의 모티브motive를 얻을 수 있다. 한국의 정자가 아랍 지방으로 옮겨지면 이색 장소가 되고 북극의 이글루가 한국으로 옮겨지면 새로운 관심 장소가 된다. 이미 존재하는 모습들을 현재의 자기 필요와 상황에 옮겨 오는 것이다. 그래서 아이디어를 Know-How보다는 Know-Where 개념으로 이해하는 것이 더 효과적이다.

자기만의 아이디어를 찾아내는 원리

아이디어맨이 되는 두 번째 방법은 원리를 반복하는 것이다. 앞서 'What을 명확히 공유하라'에서 설명했던 'What을 확인함으로써 새로운 How를 모색하는 것'이 대표적인 예다. 그 외에도 흔히 사용하곤 하는 '80 : 20 법칙'(전체 성과의 대부분이 몇 가지 소수의 요소에 의존한다는 법칙), 어떤 일의 '킬러 어플리케이션Killer application 찾기'(킬러 어플리케이션이란 상품의 원래 의도와 다르게 쓰는 용도로 자리잡게 됨을 일컫는다) 등이 원리를 상황에 대입해 새로운 아이디어의 모티브를 찾아내는 접근 방식이다.

이때 성공 원리라고 해서 반드시 객관적인 설명이 필요한 것은 아니다. 자신의 문제와 필요를 해결할 수 있는 아이디어를 도출하는 접근 방식이라면 모두 의미 있다. 내가 활용하는 몇 가지 성공 원리를 소개한다.

'가장 많이 가진 것 활용하기'는 자신이 이미 많이 가지고 있는 것에 주목하고, 그것을 어떻게 활용할지 생각하는 방식이다. 자신의 핵심 역량을 중심으로 시장 기회를 탐색하는 방식과 맥이 통한다.

'고래 살 잘라 먹기'도 유용한 생각의 방식이다. 덩치가 너무 커서 해결할 수 없는 문제를 작은 크기로 나누어서 해결한다.

'입장 바꾸어 생각하기'는 많은 상황에서 활용할 수 있는 유용한 접근 방식이다. 상대의 입장에서 생각하면 새로운 것이 쉽게 보일 때가 많다. 1장 '경쟁자에게서 고객 지키기'에서 설명한 것처럼 마케팅을 할 때도 기업 관점(4P)에서 고객 관점(4C)으로 시선을 돌리면 본질적인 접근 방식을 모색하기가 쉬워진다.

자신만의 성공 경험 패턴을 찾아서 반복하라

성공 원리란 자신의 성공 경험 패턴을 찾는 것이다. 다른 사람에게는 어려워도 자신은 쉽게 사용하는 어떤 원리를 필요할 때 끄집어내서 사용할 수 있도록 정리정돈하는 것이다. 성공 원리도 아이디어 노트에 기록할 수 있다. 노트의 오른쪽에 자신이 정립한 성공 원리를 기술하고, 왼쪽에는 그 원리를 실제로 적용해서 얻었던 결과들을 기록해 두면 경험은 축적되고 원리는 강화된다. 이미 존재하는 아이디어를 즉각적으로 적용하는 것을 'Shift'라고 한다면, 반복할 수 있는 자신의 성공 원리는 'Shift & Shift'가 된다. 성공 경험을 반복하다 보면 저절로 성공 원리를 깨닫는 경우가 많다. 'Shift'에서 시작해서 점차 'Shift & Shift'로 발전할 수 있다.

36 신뢰받고 있는가를 확인하라

———————— 좋은 관계에 있던 상사가 어느 날 갑자기 자신을 냉랭하게 대하기 시작했다면 먼저 확인해야 하는 것이 있다. 상사에게 '신뢰'받고 있는가다. 상사의 신뢰는 업무 내용과 관계없이 회사 생활에서 매우 중요하다. 실제로 상사의 신뢰를 잃으면 회사 생활에서는 거의 모든 것을 잃는 것과 같다.

5장의 '가치에 대한 객관적인 관점을 공유하자'에서 설명했던 'V = A × H' 공식을 떠올려 보자. 상사에게 신뢰를 잃는 것은 H값이 0Zero이 됨을 의미한다. 문제 해결 능력(A)이나 평판이 아무리 좋아도 상사의 신뢰를 잃으면 그 사람의 조직 내 가치 값은

0이 된다. 진짜 그런 상황이든 상사가 오해를 했든 상관없다. 상사가 자신을 신뢰할 수 없다고 판단하는 순간 조직 생활에서 매우 큰 어려움을 겪게 된다. 스스로는 플러스(+)와 마이너스(-)로만 행동할 수 있을 뿐이다. 상사는 회사 생활에서 자신의 가치값을 0으로 만들 수 있는 존재임을 알아야 한다.

상사의 신뢰를 얻기 위한 행동 요령

그렇다면 상사의 신뢰를 얻거나 유지하기 위해서는 어떻게 해야 할까? 가장 기본적인 태도는 상사를 있는 그대로 인정하는 것이다. 상사의 능력이 아니라 그의 위치가 일함을 알아야 한다. 앞서 강조했듯이 그의 현재 위치는 저절로 얻어진 것이 아니다. 상사가 비록 많이 부족하더라도 그가 자신에게는 최선의 사람이라 생각하고 행동하는 것을 연습해야 한다.

상사의 신뢰를 얻거나 유지하기 위해 필요한 행동 요령 네 가지가 있다. 첫째, 회사 내에서 자신이 하는 모든 일을 상사가 알 수 있도록 하라. 자기 생각이나 행동이 다른 부서나 다른 사람을 통해 상사에게 전달되지 않아야 한다. 좋은 소식이든 나쁜 소식이든 주저 말고 상사에게 보고해야 한다. 나쁜 일의 경우에는 문제나 실패를 해결할 수 있는 솔루션을 함께 제시할 수 있으면 가장 좋다.

둘째, 반드시 약속을 지킨다. 작은 일이라도 상사에게 하겠다고 말했다면 반드시 실행한다. 만약 그 약속을 지킬 수 없는 상황이 생기면 상사가 대안을 찾을 수 있는 여유를 갖도록 미리 보고해야 한다.

셋째, 진행하는 일의 초점과 바람직한 결과에 집중하는 태도를 유지하라. 상사가 하는 모든 말을 그대로 따라야 하는 것은 아니다. 명확하게 지시한 것이 아니라 단지 의견을 말한 경우, 그 의견은 '지침' 정도로 생각하면 된다. 일을 진행하는 동안 새로운 정보를 얻게 될 수도 있고 예상치 못한 문제가 발생할 수도 있기 때문이다.

넷째, 앞서 '효과를 넘어 효율을 추구하라'에서 강조했던 효과와 효율의 관점을 유지하면서 일하라. 또한 상사에게 효율을 요구받았을 때는 효과가 훼손되지 않는 범위에서 일이 진행되어야 한다는 것을 기억하자. 만약 효율을 추구하는 과정에서 효과가 훼손될 수 있다고 판단되면 즉시 상사에게 보고하고, 일의 진행 초점을 다시 정돈해야 한다. 효과를 놓친 상태에서 효율을 추구하는 것은 매우 어리석은 행동이기 때문이다.

상사의 신뢰를 받으며 일해야 하는 이유

만약 부하 직원의 위치에서 도저히 상사를 인정할 수 없다면 어떻게 해야 할까? 그리고 상사의 행동이 회사에 불이익을 가져올 수 있다고 판단된다면 어떻게 해야 할까? 그때도 상사의 정책과 지시를 가능한 한 효과적으로 수행하는 것을 항상 첫 번째로 생각하고 행동해야 한다. 그럼에도 불구하고 도저히 상사의 지시를 받아들일 수 없다는 판단이 서면, 최후의 수단으로 다른 부서나 회사로 자리를 옮기는 것을 생각해야 한다. 이때는 자신의 경력career이 훼손될 수 있음을 상기하고, 자신이 자리를 옮기는 이유에 대해 진짜 속내를 드러내는 것을 유의해야 한다.

회사 생활에서는 상사가 있다는 사실을 꼭 기억해야 한다. 또한 자신의 행동에 대한 책임을 상사가 지게 된다는 것을 알아야 한다. 그래서 상사가 진행되는 일을 자신을 통해서 듣고 알고 있어야 한다. 특히 자기 부서의 범위를 넘어서는 행동을 할 때는 상사에게 오해받을 수 있음을 꼭 생각해야 한다.

상사의 신뢰를 받으며 일하는 것이 회사 생활의 전부라고 해도 과언이 아니다. 능력이 뛰어나고 일을 잘하는 것과 상사에게 신뢰를 받는 것은 완전히 다른 문제가 될 수 있다. 상사의 신뢰를 바탕으로 일 잘하는 사람이라는 평가와 회사 내 인식이 중요하다. 예스맨이 되라는 것이 아님을 다시 강조한다. 상사의 관점에서 자신의 행동을 이해할 수 있어야 한다는 뜻이다.

조직 생활에는 늘 상사가 존재한다. 자신의 행동이 상사의 관점에서 이해될 수 있어야 한다. 회사 내에서 자신이 하는 일을 상사가 알도록 하고 상사에게 보고하는 것을 당연하게 생각하라. 어떤 상황에서든지 상사의 정책과 지시를 효과적으로 수행하는 것에 업무의 우선순위를 두라. 만약 신뢰가 훼손될 수 있다는 생각이 들면 모든 행동을 중단하고 신뢰를 회복하는 조치를 먼저 취해야 한다. 자신이 이해하기 어려운 상태로 일이 진행될 때는 '나는 지금 상사에게 신뢰받고 있는가?'를 먼저 질문해 보자.

7장

회사원의 내공 키우는 6개의 습관

현재 상황을 변화시키려면
숨겨져 있는 빙산의 아랫부분을 키워야 한다.
빙산의 아랫부분이 커지면
시간이 지나면서 윗부분도 저절로 드러난다.

깨어 있는 시간 중 가장 많은 시간을 보내는 회사 생활이
자신의 삶을 풍성하게 하고
의미 있는 습관을 구축하는
기회의 장이 되길 바란다.

37 정리–정돈–청결의 습관

비즈니스맨은 '습관'의 위력을 알아야 한다. 조금 과장해서 말하면 일도 인생도 비즈니스도 습관이 결정한다. 회사 생활에서 자기 가치를 높이기 위해 구축할 첫 번째 습관은 '정리–정돈–청결'이다.

자기 가치를 높이는 '정리–정돈–청결'의 습관

'정리定離'란 필요한 것과 필요 없는 것을 구분하고, 필요 없는 것을 떠나보내는 일이다. 즉, 일의 필요를 중심에 두고 이별할 것離을 정定하는 활동이다. '정돈整頓'이란 필요한 것을 있어야 할 자리에 두는 것이다. 정리가 선행되지 않는 정돈은 큰 의미가 없다. '청결淸潔'이란 필요할 때 즉각적으로 사용할 수 있는 상태를 유지하는 것이다. 필요에 적합한 도구라 해도 있어야 할 자리에 있지 않거나 먼지가 쌓여 있으면 필요할 때 바로 사용할 수 없다. 정리-정돈-청결은 활동이 순서대로 연결될 때 제대로 된 가치를 발휘한다.

회사 생활에서 '정리 게임'을 해보자. 일주일 또는 한 달 등 일정 기간을 정해서 사용하지 않는 물건을 사용자의 허락 없이 치우는 것이다. 나중에 기존 사용자가 그것을 찾지 않으면 그 물건은 '정리' 대상이 된다. 더 이상 필요 없게 된 것들을 기존의 공간과 시선에서 없앰으로써 새로운 필요에 집중할 수 있는 환경을 만들 수 있다. 가지고 있으나 사용하지 않는 것을 확인하는 행위다. 정기적으로 '정리' 과정을 가지면 물리적, 정신적 여유 공간을 확보할 수 있다. '정리'는 일하는 사람의 태도와 자세를 분명히 한다. 또한 일의 본질이 아닌 것에 신경이 분산되는 일을 막아준다.

'정리'의 다음 단계는 '정돈'이다. 자신이 하고자 하는 일이 '정돈'되어 있지 않으면 효율의 단계에 진입할 수 없다. 최악의 경우에는 다시 '정리'의 단계로 돌아가서 필요한 것과 필요 없는 것을 구분하는 일을 해야 한다. 그러면 퀄리티 스타트(최상의 환경에서 시작하는 것)가 어려워진다. 그래서 '정돈'은 독립적으로 쓰이기보다는 '정리 후 정돈'이나 '정리정돈' 또는 '정리-정돈'으로 순서를 나타내어 사용하는 경우가 일반적이다.

'정돈'하려면 필요한 그것이 어느 위치에 어떤 상태로 있어야 하는지 명확히 알아야 한다. 이것은 자기 위치에서 해야 할 최적의 행동이 무엇인가에 대한 스스로의 의견이 있어야 가능하다. 따라서 '정돈'은 전문성이 담보되어야 가능한 행동이다.

'청결'이란 물건이 필요할 때 바로 사용할 수 있는 상태를 유지하는 것이다. 비즈니스에서 외부에서 찾아오는 기회는 우연히 또는 갑자기 나타나는 경우가 많다. 이때 기회를 보고 준비를 시작하면 이미 늦다. 또한 대부분의 비즈니스에서 효율 추구는 '정리정돈'은 물론 '청결'의 상태에서 가능한 활동이다. 그래서 '정리-정돈-청결'의 습관은 자신의 일에서 최적의 상태를 유지해서 외부에서 주어지는 기회를 자신의 것으로 소화하기 위한 필요조건이다.

어떤 환경에서도 자신감을 갖게 만드는 습관

정리-정돈-청결은 단순히 물건의 정돈이나 환경 정비만을 의미하지 않는다. 눈에 보이는 것, 눈에 보이지 않는 것을 모두 아우르는 행동이다. '정리'하려면 자신의 일에서 필요한 것이 무엇이고 필요 없는 것이 무엇인지 명확히 알아야 한다. 자신이 조직에서 공헌해야 할 것, 자신이 집중해야 할 것이 분명할 때 '정리'와 '정돈'이 가능하다. '청결'하려면 현재의 상황이 아닌 기회가 주어졌을 때를 상상하면서 오늘을 살아야 한다. 이것은 외부의 요구와 기회에 즉각적으로 반응할 수 있도록 스스로를 가다듬고 있어야 가능한 행동이다. 따라서 게으름의 유혹과 매일 싸워야 한다.

'정리'를 습관화하려면 필요 없는 것을 버리는 용기와 꼭 필요한 것만 갖고 생활하는 방식을 연습해야 한다. 여행 전문가 한비야 씨가 세계여행을 떠날 때 가지고 가는 것은 배낭 한 개뿐이다. 그는 오랜 여행 경험을 통해 이미 '정리' 전문가가 되었기 때문이다. 축구 경기에서 선수들은 사전에 연습한 패스로 빌드업build-up 과정을 통해 공격을 전개한다. 빌드업은 골을 넣기 위한 사전 과정으로, 본격적인 공격을 위한 '정돈'의 과정이다. 상대에게서 틈을 발견하면 바로 공격을 개시한다. 당연히 '청결'의 습관이 몸에 배어 있어야 가능한 행동이다. 군대에 다녀온 사람에게 익숙한 표어가 있다. '닦고 조이고 기름 치자.' 정리–정돈–청결을 습관화하라는 군대식 표어다.

정리–정돈–청결의 습관은 본질적이지 않은 대부분의 문제를 사전에 차단한다. 그래서 자신이 가진 힘과 능력을 핵심적인 문제를 해결하는 데 사용할 수 있게 된다. 동시에 정리-정돈-청결의 습관은 어떤 환경에서도 기본적으로 자신감을 갖게 해준다.

자신의 작업 공간을 늘 깨끗이 하자. 오늘 일을 마무리할 때는 다음 날 최적의 상태로 시작할 수 있도록 정돈해 두는 습관을 갖자. '내일 해야지' '이따가 해야지' 하면서 미루지 말자. 처음이 어려울 뿐 습관이 되면 오히려 쉽고 즐거워진다. 만약 새로운 장소에 가거나 새로운 일을 시작하게 된다면 먼저 정리-정돈-청결의 습관을 발휘하는 것부터 시작하라!

38 쉬운 일은 쉽게, 어려운 일은 어렵게

——————— 비즈니스 조직에서 일하는 사람들을 훈련시킬 기회가 주어지면 나는 3단계 훈련방식을 취한다. 첫째, '초점 잡기'다. 성과에 영향을 주는 변수를 파악하고, 효과의 상태를 유지하기 위한 조건을 살피고, 추가로 효율을 높이는 방식을 탐색한다.

둘째, '가중치 구분하기'다. 성과 관련 가중치가 높은 변수 한두 가지를 찾아서 우선 집중하고, 상황에 따른 가중치의 변화를 살피면서 응대하도록 한다.

셋째, 적절한 '행동 패턴pattern'을 찾아서 반복하는 것이다. 특히 맞닥뜨린 장애물을 극복하는 과정을 공유하면서, '일한다는 것'이 '방법을 찾으면서 진도를 나가는 것'임을 몸에 배게 만들어 스스로 강해지는 방식을 모색한다.

그 과정에서 내가 강조하는 중요한 내용이 있다. 바로 '쉬운 일은 쉽게 하고 어려운 일은 어렵게' 하는 것이다. 쉬운 일을 어렵게 하면 참 답답하다. 반대로 어려운 일을 쉽게 하면 자칫 위험에 처할 수 있다. 쉬운 일은 쉽게 하고 어려운 일은 어렵게 한다는 것이 말하기는 쉬워도 실제 행동은 그렇게 만만하지 않다. 한두 번은 의지를 갖고 그렇게 행동할 수 있어도 지속적으로 그렇게 행동하는 것은 훈련된 사람이거나, 그런 행동을 습관화하기 위해 노력하는 사람이라야 가능하다.

쉬운 일은 쉽게, 어려운 일은 어렵게 하는 습관

쉬운 일과 어려운 일을 구분하는 기준은 '일반 상식'이다. 그래서 쉬운 일을 어렵게 하는 사람을 만나면 그 사람의 가치관과 태도를 살펴보아야 한다. 자신만의 특정한 신념이나 왜곡된 가치관을 가진 사람과는 함께 일할 수 없다. 그 일에서 배제해야 한다. 그들은 상식의 개념 자체가 달라서 훈계나 가르침으로 태도를 바꿀 수 없다.

반대로 어려운 일도 쉽게 처리하는 특별한 재능을 가진 사람이 있다. 그런 사람은 상황에 따라 일당백의 역할을 하기도 하지만 성과를 반복하는 단계에서는 오히려 관리의 어려움이 생길 수 있다. 일의 진도를 나가야 할 때 성과를 예측하기 어려운 경우가 많아서 특별 관리를 해야 하기 때문이다.

일을 할 때는 상식의 범위에서 반복할 수 있는 방식으로 일하면서, '쉬운 일은 쉽게 하고 어려운 일은 어렵게' 하는 사람들을 중심으로 팀을 구성하면 효율 추구가 쉬워진다. 그리고 앞서 언급한 어려운 일도 쉽게 해내는 특별한 역량의 사람은 별도로 관리해서 전체 성과를 극대화시킬 수 있는 예외의 상황plus alpha으로 활용할 수 있으면 좋다.

'쉬운 일은 쉽게 하고 어려운 일은 어렵게 하는' 습관을 갖는 것의 가치를 기억하자. 상식의 언어를 사용하고 상식적인 행동양식을 바탕으로 관계를 맺는 것이 특별한 일이 되어버린 시대를 살고 있다는 안타까움과 서글픔을 느낄 때가 많다. 적게 일하고 많은 것을 얻지 못하면 짜증을 내고, 더 많이 얻지 못하는 사람들을 바보 취급하는 뒤틀린 관점이 상식이 되어가고 있는 세상 풍조가 두렵기도 하다. 자신이 잘할 수 있고 가치 있게 존재할 수 있는 공간이 아니라 돈을 많이 벌 수 있다는 유혹을 따라 의사결정의 기준을 정하는 세상의 흐름이 어렵고 무섭다.

평균은 허수다

쉬운 일이든 어려운 일이든 적당히 평균을 유지하려는 습관이 가장 무섭다. 평균은 허수다. 일상생활에서 평균 연봉, 평균 성적, 평균 몸무게 등 평균이라는 단어를 자주 쓰지만 평균은 전체의 중심 성향을 나타내는 수數일 뿐이다. 그 어떤 사람도 평균에 존재하지 않고 그 위나 아래 또는 언저리에 존재한다. 그래서 대부분의 평균은 허수다.

평균은 권력자가 쓰는 단어다. 평균이라는 단어와 수치로 수많은 사람을 설명하고 움직일 수 있다고 생각하면서, 그 수치에 휘둘리는 사람들의 어리석음을 조장하고 비웃는 권력자들을 유의해야 한다.

이것은 성공success이라는 단어에도 그대로 적용된다. 성공의 본질적인 의미는 '외부의 기회와 내부의 준비가 만나는 것'이다. 매일 자신의 강점을 강화하고 활용하는 사람은 이미 절반은 성공한 사람이다. 회사 생활에서 함께 일하고 싶은 사람이 되고, 같이 있을 때 편하고 신뢰받는 사람이 되었다면 그 역시 절반 이상 성공한 사람이다. 그러한 자신이 준비한 바를 외부의 기회와 연결해서 돈 되는 상황을 만드는 추가 역량을 더할 수 있길 바란다.

39 기대보다 조금 더 하기

다음 세 가지 경우를 생각해 보자.

1. 기대보다 결과의 크기가 큰 경우
2. 기대보다 결과의 크기가 작은 경우
3. 기대와 결과가 엇비슷한 경우

1번은 만족스러운 평가 속에서 기존 관계가 지속된다. 2번은 불만족스러운 평가로 기존의 거래나 관계가 끊어질 위험이 있다. 3번은 만족 여부가 불확실한 상태에서 경쟁이나 경쟁자가 없으면 기존의 관계가 유지된다. 여기서 초점을 두고 생각할 부분은 결과의 크기가 아니라 상대의 기대가 어떠한가 하는 것이다.

만족이란 '기대보다 결과의 크기가 더 큰 상태'를 말한다. 결과의 크기가 무조건 큰 상태가 아니라 상대의 기대보다 더 큰 상태인지 아는 것이 중요하다. 회사 생활에서 내공을 키우는 세 번째 습관은 '기대보다 조금 더 하기'다.

결과의 크기보다 상대의 기대가 어떤지가 더 중요하다

회사 생활에서는 결과의 크기만으로 평가받지 않는다. 요구와 기대에 부응해 어떤 결과를 만들었느냐가 중요하다. 사회 초년생들은 대개 사소한 잡무를 많이 맡게 된다. 그런데 자신이 잡무를 하는 것을 자존심 상한다고 느끼며 불평불만을 갖는 경우가 많다.

이때, 그들의 상사는 그 하찮은 일을 얼마나 열의를 갖고 수행하며 업무 성과를 만들어내는지 주의 깊게 지켜본다. 부하 직원은 자신의 일이 전략적인지 또는 얼마나 중요한지를 신경 쓴다. 그리고 핵심 사업을 추진해야만 자신의 능력을 증명할 수 있다고 생각한다. 그러나 그렇지 않다. 어떤 회사에서 중요하고 전략적인 일들을 능력이나 태도가 확인되지 않은 초보 직원에게 맡기겠는가? 조급해하지 말라는 뜻이다.

회사 생활에서 좋은 평가는 주어진 일을 얼마나 합리적이고 열정적으로 수행하느냐에 달려 있다. 그래서 작은 일이라도 좋은 성과를 내는 것이 자기 가치를 인정받는 데 유리하다. 그리고 시간이 지나며 점점 나아지는 모습을 보여줄 수 있으면 좋다. 이것은 외부에서 기업을 평가할 때와 유사하다. 객관적으로 가치가 높은 기업은 매년 영업 수익이 늘어가는 성장세를 갖고 있다고 평가받는 기업이다. 직원의 입장에서도 마찬가지다. '상사의 기대'를 관리하는 것이 핵심 요령이다.

자신이 하는 일, 시간과 돈을 사용하는 모든 일에서 아주 작더라도 이전보다 나아진 무언가 한 가지를 덧붙이는 습관을 갖는 것이 중요하다. 만약 출장을 가게 되면 출장의 목적을 달성하는 것 외에 그 경험을 통해 자신의 현재 업무에 적용할 무언가를 한 가지 찾아낼 수 있으면 좋다. 이것은 효과를 넘어 효율을 덧붙이는 콘셉트의 행동이 된다.

객관적인 필요에 따라 우선순위를 정하라

일을 하는 과정에서 상사가 여러 가지 요구를 할 때는 객관적인 필요의 우선순위에 따라서 일을 진행할 수 있어야 한다. 여기서 객관적이란 자신의 판단뿐 아니라 상사가 지정하는 우선순위를 포함한다. 대부분의 회사 생활에서는 모든 일을 여유 있게 할 수 있을 만한 충분한 시간이 주어지지 않는다. 이때 중요한 일에 우선적으로 집중하는 습관을 가져야 하는데, 여기서 중요한 일이란 다음 두 가지 경우다.

1. 자신이 직접 수행해야 하고 그 결과에 책임을 져야 하는 일
2. 상사가 중요하다고 강조하는 일

이 두 가지 경우의 일에 자신의 능력 안에서 최대 성과를 올릴 수 있도록 집중하는 것이 좋다.

1번의 경우는 회사에서 자신의 역할을 다해야 하는 근본적인 사명이니 당연히 최선의 결과를 얻기 위해 노력해야 한다. 상사가 중요하다고 강조하는 2번의 경우에는 상사가 사적인 이유로 중요하다고 강조하는 것인지 아니면 자신이 알지 못하는 다른 중요한 이유가 있는 것인지 구분해서 파악해야 한다. 전자의 경우라면 상황을 고려하여 적절한 요령을 발휘해서 피해야 하지만, 후자의 경우 자신이 미처 알지 못했던 중요한 이유를 알게 되면 '기대보다 조금 더 하기'를 연습할 수 있는 좋은 기회가 된다.

상사가 하는 요구에서 중요한 것을 구분해 내기 위해 앞에서 설명한 MECE 방식을 활용하는 것도 도움이 된다. 자신이 가진 정보를 통합하고 요약하고 단순화함으로써 전체의 그림이 어떤

지 이해하고, 회사 내에서 자신이 하는 업무가 어떤 부분(조각)인지 파악할 수 있기 때문이다.

자기 일의 근본적인 필요와 자신이 그 일을 하는 이유를 알고, 그 일이 회사 전체의 일에서 어떤 조각을 담당하고 있는지 알면 자연스럽게 자신감이 고양된다. 또한 효과적인 행동은 물론 효율적인 행동을 위해 노력하는 것이 당연해진다. "저 친구는 100을 하라고 하면 늘 그 이상을 해오는 친구야!"라는 평가와 함께 '기대보다 조금 더 하기' 행동을 습관화할 수 있다.

40 자신이 공헌할 바를 알고 집중하기

———————— 어떤 형태의 조직 생활을 하더라도 꼭 알아야 할 두 단어가 있다. '성과'와 '공헌'이 그것이다. 조직에서 자신에게 기대하는 성과가 무엇인지 확인하고, 그 성과를 얻기 위해 자신의 위치에서 해야 하는 일에 집중해야 한다. 자신이 할 수 있다고 해서 모든 일을 하는 게 좋은 건 아니라는 뜻이다. 조직에서 설정한 성과 목표에 도달하기 위해 자신이 어떤 '공헌'을 해야 할지를 알고 행동하는 것이 중요하다.

가장 효과적인 행동이 무엇인지 알고, 그것을 효율적으로 수행해야 가장 좋은 평가를 받는다. 그 과정에서 필요하지 않은 것을 과감히 버리고(정리), 자신의 공헌에 도움이 될 수 있는 경험과 지식과 도구를 잘 가다듬고(정돈), 그것이 필요할 때 바로 사용할 수 있도록 갈무리하는 것(청결)이 조직 생활에서 자기계발과 준비의 핵심이다.

성과를 얻으려면 집중해서 일하라

일반적으로 성과를 얻기 위한 가장 쉽고 확실한 요령은 집중해서 일하는 것이다. 두드러지게 성과를 올릴 수 있는 영역에 힘을 집중하고, 가장 중요한 것에서 시작하며, 한 번에 하나씩 집중해서 일하는 방식을 습관으로 만들 수 있으면 좋다.

앞서 여러 번 강조했던 '능력이 아니라 위치가 일한다'는 그 위치(자리)에서 일하는 사람의 역량이 아니라, 그 위치에 기대하는 역할(공헌의 초점)에 따라 일이 진행된다는 뜻이다. 따라서 조직에서 자신의 위치가 어떤 공헌을 해야 하는 자리인지 명확히 알아야 한다. 그에 따라 자신의 업무 기준을 잡고 행동해야 바로 자신이 공헌할 바에 집중하게 되는 것이다. 이때 '쉬운 일은 쉽게 하고 어려운 일은 어렵게' 하는 습관이 훈련되어 갖춰져 있으면 참 좋다.

'집중'이라는 단어에 숨겨진 또 다른 중요한 점이 있다. 집중해서 일할 때 더 많은 일을 할 수 있다는 것이다. 이때 자신의 업무에 집중하기 위한 두 가지 요건이 있다. 하나는 덩어리 시간을 확보하는 것이다. 자신의 업무에서 성과에 영향을 미치는 일들을 자투리 시간 내에서 수행하기가 어렵기 때문이다.

또 하나는 조직적 폐기를 습관화하는 것이다. "내가 지금까지 이 일을 해오지 않았다면 오늘 나는 이 일을 시작할 것인가?"를 묻고, 그 대답이 'No'라면 그 일을 바로 멈출 수 있어야 한다. 이미 쓸모없어진 과거의 행동들을 멈추고, 그 일에 투입되던 힘과 에너지를 새롭게 설정한 성과를 얻기 위한 행동에 집중하기 위해서다.

회사 생활 중에 보직이나 업무가 바뀌면 집중해야 할 부분이 달라진다. 따라서 자신이 집중해서 행동할 공헌이 무엇인가에 대해서 정기적으로 묻고 답하는 습관을 길러야 한다. 그런데 그 과정에서 자신이 원하는 일을 원하는 시기에 진행할 수 없을 때가 종종 생긴다. 이 부분이 회사 생활의 어려움 중 하나다.

조직이 지향하는 성과의 초점이 바뀌거나 그 성과에 도달하기 위한 내부 전략이 변경될 때는 조직원들에게 기대하는 역할이 바뀔 수 있음을 생각해야 한다. 이것이 오랫동안 해왔던 일에서 업무의 방향을 전환하거나 회사 생활을 접고 자기 사업을 시작하는 이유이기도 하다. 경영자들이 유의해서 살펴야 할 부분이다. 동시에 조직의 팔로워로서 리더에게 자신이 잘할 수 있는 일과 하고자 하는 일을 알리는 것을 게을리하지 말아야 하는 이유다.

변화를 맞이했을 때 스스로에게 물어야 할 두 가지 질문

회사 생활을 하던 중 자신이 오랫동안 해왔던 일에서 다른 업무로 역할이 바뀔 때는 어떻게 해야 할까? 그때는 일상의 활동을 잠시 멈추고 덩어리 시간을 내서 생각해야 한다. 현재의 조직에서 계속 일할 것인가? 아니면 같은 일을 하는 다른 회사를 찾아야 하는가? 또는 지금까지 해왔던 일을 통해서 구축된 역량과 콘셉트를 갖고 창업이나 새로운 영역의 일을 찾는 것이 필요한가? 결론이 어떻게 나더라도 다음 두 가지를 확인하고 행동하길 바란다.

1. 나는 준비되어 있는가?
2. 내 눈에 보이는 기회가 정말 나의 기회인가?

자신이 오랫동안 해왔던 일에서 변화를 갖는 것은 더 나은 삶을 구축하기 위한 행동이다. 그러나 현재의 위치를 벗어나 새롭게 집중할 방향과 구체적인 준비가 없는 상태에서 내리는 의사결정은 큰 대가를 치를 수 있다. 자신이 바라는 성공은 '외부의 기회'와 '내부의 준비'가 만났을 때 가능한 결과임을 꼭 기억하길 바란다.

41 콘셉트, 패턴 그리고 습관과 미소를 갖춰라

——————— 사회생활을 하면서 만나는 멋진 사람들이 있다. 스타일이 좋은 사람, 성격이 쾌활한 사람, 환경에 얽매이지 않고 자유롭게 사는 사람, 일과 휴식을 모두 잘하는 사람 등. 직장에서는 어떤 사람이 멋진 사람일까?

나는 생동감 있는 사람과 자기 콘셉트에 충실한 사람을 멋진 사람으로 꼽는다. 주어진 상황을 긍정적으로 해석하고 얼굴에 미소를 잃지 않는 사람은 주변의 다른 사람에게 생동감을 준다. 또한 예측 가능한 행동을 하고 시간이 지날수록 쌓이는 것이 있는 사람은 회사 생활에서 자기 콘셉트를 구성한다.

자신의 콘셉트가 있어야 한다

콘셉트concept란 삶을 살아가는 일정한 방식으로서 '어떤 형태로 어떻게 전개할 것인가에 대한 경향'이다. 예를 들어서 장애물을 만났을 때 폭파 후 통과하거나, 밑으로 기어서 통과하거나, 우회해서 통과하는 방법과 같이 그 사람의 성향이나 경향을 통해 삶의 방식에서 콘셉트를 파악할 수 있다. 일하는 방식에서도 그 콘셉트와 연결된 패턴이 생긴다. 그리고 일을 반복하면서 나름의 요령과 노하우가 쌓인다. 하지만 콘셉트가 없으면 그 쌓임이 생기지 않는다.

여기서 콘셉트를 강조하는 이유는 콘셉트를 가지면 예측 가능한 사람이 될 수 있기 때문이다. 자기 혼자만의 힘으로 이룰 수 있는 일은 매우 적다. 주변 사람들이 그를 이해하고 활용해야 한다. 그런데 상황마다 다른 콘셉트로 행동하는 사람과 함께 일하기는 쉽지 않다. 콘셉트가 있으면 시간이 지날수록 이전보다 훨씬 적은 힘과 노력으로 같은 결과 또는 그 이상의 결과를 얻을 수 있다. 이것은 축구선수가 발달한 근육과 배구선수가 발달한 근육이 다른 것과 같다.

이미 확인된 자신의 재능과 경험을 통해 쌓인 역량, 주변 사람들이 인정하는 강점을 담아낼 수 있는 자기 콘셉트를 찾기 위해 노력할 필요가 있다. 스스로 편하게 느끼고 있고, 의도한 성과에 접근하기 용이한 방식이라면 무엇이든 상관없다. "저 사람은 ○○한 사람이야" 라고 다른 사람들이 표현하기 시작했다면 자기 콘셉트가 만들어진 것이다. 콘셉트를 갖고 일하는 것은 자기 브랜딩의 기초를 쌓는 것이다. 그러면 현재 일하는 회사에서뿐 아니라 새로운 일과 직장을 찾을 때도 콘셉트로 평가받을 수 있다. 이것은 적절한 평판을 얻어 자기 가치를 높이는 데도 아주 유리하다.

끝까지 미소를 잃지 않는 내공을 쌓아가자

'CEO 가정교사'로 활동하는 내게 기업 조직에서 중요한 단어 하나를 고르라고 하면 나는 망설임 없이 '활기'라고 말한다. 그리고 회사 생활을 하는 개인에게 중요한 단어 하나를 선택하라고 하면 '생동감'을 택한다. 회사에서 자기 경영의 핵심 중 하나는 스스로를 생동감 있는 상태로 유지하는 것이다. 생동감이 있다는 이유 하나만으로도 함께 일하는 사람들에게 매력적인 사람이 된다. 생동감이 있는 사람은 밝고 긍정적인 사고방식을 드러낸다. 조직의 활기와 개인의 생동감은 같은 맥락에 있다. '살아 있다'라는 느낌을 주는 것이 공통점이다. 살아 있는 느낌을 주는 사람에게는 표현할 수 없는 매력이 있다.

스스로를 생동감 있는 상태로 유지하기 위해서 어떻게 해야 할까? 주어진 환경이나 상황에만 얽매이지 않고 스스로 동력을 더해서 나아갈 방향을 찾아야 한다. 자기 기준과 자기 동기로 생각하고 일하는 것이다. 그렇게 일하는 사람의 얼굴에는 늘 미소가 있다. 그렇게 일하는 사람의 미소는 단순한 습관에서 비롯된 것이 아니다. 자기 기준으로 생각하고 자기 동기로 일하면서 쌓이는 일종의 결과물이다. 회사 생활에서 '미소'가 습관이 될 수 있도록 스스로를 다듬어보자.

회사 생활에서 미소를 잃지 않으려면 세 가지 요건이 충족되어야 한다. 첫째, 평강平康의 마음이다. 환경이나 상황에 휘둘리지 않는 것을 말한다. 우리가 위기라고 생각하는 문제들이 실제로는 생각보다 위험하지 않은 경우일 때가 많다. 그러나 평강의 마음이 없으면 대단치 않은 문제에도 크게 동요한다. 평강의 마음을 가지면 문제를 정확하게 파악하고 확대해석하지 않을 수 있으며 미소를 유지할 수 있다.

둘째, 일관된 태도다. 일희일비一喜一悲하지 않는 것이다. 상황이 어떻게 흘러가든 처음 그 마음을 그대로 유지하는 것이다. 자신이 평가받길 원하는 기준에 부합하는 행동을 하면 주변 사람들의 시선에 구애받지 않고 미소를 유지할 수 있다.

셋째, 다른 사람을 배려하는 모습이다. 미소를 짓는 사람 앞에 있으면 덩달아 마음에 여유가 생긴다. 환경이나 상황이 좋아서가 아니라 자기 기준으로 생각하고 행동하기에 미소 지을 수 있다. 같이 일하는 동료가 미소를 잃지 않으면 다른 사람들은 그로 인해 안정감을 느끼게 된다.

미소는 연습과 훈련으로도 만들어질 수 있다. 그렇게 만들어진 미소도 귀하다. 그러나 자기 기준과 동기가 근원이 되어서 나타나는 미소는 스스로는 물론 함께 일하는 동료들에게도 큰 힘으로 작용한다. 자신의 미소가 성숙한 미소가 될 수 있도록 스스로를 업그레이드하자. 성숙한 사람은 자기가 하고 싶은 일만 하지 않는다. 자신과 타인에 대한 책임과 의무감을 가지고 행동한다.

외적으로는 예측 가능한 사람, 내적으로는 쌓임이 있는 회사 생활이 되도록 노력해 보자. 어제보다 오늘이 진보하고 오늘보다 내일이 더 기대되는 사람에게는 늘 희망이 있다. 실제로 사람은 기대로 자라고 희망으로 살아간다. 하루하루 일하면서 자기 내부에 쌓임이 생기면 자신감이 생긴다. 그리고 다른 사람의 평가와 순간의 결과에 일희일비하지 않고 길게 걸어갈 수 있다. 회사 생활에서 자기 콘셉트를 만들고 유지하라. 그리고 끝까지 미소를 잃지 않는 내공을 쌓아감으로써 자기 가치를 높여가자.

42 자기 의견을 가져라

——— 회사 생활에서 자신에게 주어지는 일의 성격이나 내용과 관계없이 스스로 동기부여 해서 일할 수 있으면 참 좋다. 그렇게 할 수 있으면 자신이 공헌할 바에 집중하면서 미소 지으면서 일하는 게 그다지 어렵지 않을 것이다.

30년이 넘는 세월을 서비스업에 종사하면서 실제로 그런 행동이 습관화된 분에게 배움을 얻은 적이 있다. 그분은 사람이나 상황이 아닌 '그 일의 근본적 필요와 가치'에 집중한다고 했다. 또한 '상대의 평가보다 일 자체에 집중'한다고 했다. 그 일의 근본적인 필요와 자신이 그 일을 하는 이유를 연결하면 스스로 동기가 부여되어 끝까지 미소 짓는 일이 그다지 어렵지 않을 것이다. 일하는 과정에서 당하는 억울한 일들도 미소를 잃지 않고 일하다 보면 시간이 지난 후에 다 드러나게 된다고 말하며 미소 짓던 그분의 얼굴이 아직도 생각난다.

'객관적 신념'을 갖고 행동해야 한다

나도 30년이 넘는 기간을 비즈니스 영역에서 활동하면서 깨달은 것이 있다. 그 일의 내용이나 성격과 무관하게 '객관적 관점'과 '주관적 신념'이 어우러져야 한다는 것이다. 나는 이 두 단어를 합쳐서 '객관적 관점 + 주관적 신념 = 객관적 신념'으로 표현하고 내가 하는 모든 비즈니스 활동의 기본 철학으로 삼고 있다. 또한 그 과정에서 습득한 구체적인 내용을 '비즈니스 패러다임paradigm'과 '비즈니스 프로세스process'로 정돈해서, 비즈니스 초심자들에게 실패를 피하고 성공을 강화할 수 있는 접근 방식으로 설명하고 있다(미리 언급하자면 이 내용이 다음에 출간될 『사장학 수업』 3권의 주 내용이 될 것이다).

비즈니스 자체의 고유 특성과 메커니즘mechanism에 대한 포괄적인 관점을 갖게 되면 성과를 도출하는 효과적인 접근 방식을 깨닫기가 쉬워진다. 그리고 한 영역에서 성과를 내는 방식을 습득하면 새로운 영역에서도 성과를 낼 가능성이 높아진다.

이때 '객관적 관점 형성 → 효과적 접근 방식 습득'은 어느 정도 교육과 학습으로 가능하다. 그리고 '자기 상황에 맞게 적합시키기 → 실행과 시행착오를 통한 피드백하기'를 통해 자신의 무기가 되고 반복할 수 있는 습관이 되면 그 위력과 가치가 훨씬 커진다.

자기 의견을 가져라

이러한 모든 것이 '자기 의견' 또는 '자기 생각'을 갖는 것에서 시작한다. 그런데 그 생각이 '객관적 관점'을 기초로 하지 않으면 본인은 물론이고 다른 사람들의 지지도 받을 수 없다. 그래서 실패하지 않으려면 객관적 관점을 학습해야 한다. 그 밑바탕에는 자기 생각이 있어야 한다. 그 과정들을 통해야 '자신의 신념 → 객관적 관점으로 정리·정돈 → 객관적 신념'으로 발전시키는 것이 자연스러워진다.

자신이 습득한 효과적인 접근 방식들을 상황에 맞게 적용할 수 있으면 모든 비즈니스적 시도의 성공 확률이 높아진다. 그리고 그 방식들을 자신의 상황에 적용하려 노력하는 과정 가운데 내공이 쌓여간다. 특히 실행자가 능숙하게 사용할 수 있는 무기(강점과 도구)를 분명히 하고 그 무기를 활용하는 자신만의 방식을 특화할 수 있으면, 객관적으로는 경쟁이 존재하는 환경에서도 마치 경쟁이 없는 것처럼 사업을 지속하는 자신의 성과 공식을 만들 수 있다.

객관적 관점을 거쳐서 주관적 신념으로 추동력을 더할 때 사장의 성공 공식의 기본 꼴이 만들어진다. 그리고 객관적 관점을 바탕으로 한 주관적 신념은 실전을 통해 그 힘과 가치가 확인되고 확장한다. 객관적 관점이 생존에 필요한 필요조건이라면 주관적 신념은 성공을 도출하고 강화하는 충분조건이 된다.

1. 자기 의견을 가져라. 단, 객관적 관점을 전제로 한 자기 의견이 있어야 한다.
2. 전략적으로 생각하라. 특히 가용할 수 있는 자원에 대해서 냉정한 판단이 필요하다.
3. 객관적 신념을 갖고 일관되게 행동하라.

회사 생활에서 자기답게, 자기 콘셉트(색깔)를 가지고, 끝까지 미소 지으며 스스로 동기부여 해서 효율적으로 일하는 습관을 갖게 되면, 팔로워의 위치에서 일하는 제2의 리더로 기능하는 것이 자연스러워진다.

3부

사장과 직원 모두에게 당부하는 말

A BUSINESS ADMINISTRATION CLASS

8장

리더십과 팔로워십이 어우러져야 한다

삶을 가치 있게 살아가는 자기 방식을 터득하면
우리의 일상은 도를 닦는 수행자의 삶으로 격상된다.

직원들이 최선으로 일할 수 있는 환경을 제공하기 위해
노력하는 사장의 존재와
자기 콘셉트를 가지고 일하는 직원들의 존재가 늘어나는
비즈니스 현장에는
사장의 리더십과 직원의 팔로워십이 공존한다.

'성과'라는 공통의 목표를 가진 회사에서
상황에 적합한 리더십을 발휘하는 사장과
팔로워십을 발휘하며 제2의 리더 역할을 하는 직원이
어우러지는 때를 바라고 기대한다.

43 영향력의 영역에 집중하라

——————— 우리가 사는 이 세상에는 자기가 선택할 수 있는 것과 선택할 수 없는 것들이 섞여 있다. 피부색이나 얼굴, 성性, 나이, 부모 또는 가족, 국적, 시간, 죽음, 날씨 등은 선택할 수 없는 범주에 있고, 학교와 교회, 회사, 쇼핑센터, 거주지, 식당, 음식물, 신발, 가방, 옷, 액세서리 등은 선택할 수 있는 범주에 있다. 시대에 따라 또는 지역이나 국가, 환경에 따라 정도의 차이는 있지만 스스로 선택할 수 있는 것과 그렇지 못한 것이 분명히 존재한다.

자신이 선택할 수 있는 것과 그럴 수 없는 것 구분하기

자신이 선택할 수 없는 '관심의 영역' 범주에 있는 것들을 자기 뜻대로 할 수 있다고 생각하는 행위는 교만驕慢이다. 오히려 선택할 수 없다는 것을 분명히 알고 그 상황을 적극적으로 활용할 수 있는 방법을 강구해야 한다. 날씨를 선택할 수는 없지만 그 날씨에 어울리는 옷차림을 할 수는 있다. 선택할 수 없는 것을 움직이려 하기보다 활용할 수 있는 것을 자신의 기회로 삼아야 한다. 그러한 생각과 행동이 '관심의 영역'의 일들을 쓸모 있는 아이디어로 활용하는 시작점이 된다.

스스로 선택할 수 있는 '영향력의 영역'에 속한 것들을 선택할 수 없는 것이라 여기고 변화를 시도하지 않는 행위는 무지無智다. 자신의 자유를 스스로 포기하는 것이다. 그래서 우리가 자유인으로 살기 위해 첫 번째로 발휘할 '구분'의 지혜는 자신의 삶에서 '영향력의 영역'에 속한 요소가 무엇인지 아는 것이다. 그리고 힘과 노력을 통해 자신이 원하는 결과를 얻기 위해 지속적으로 노력해야 한다. 회사 생활에서는 팔로워로서 자신의 '영향력의 영역'을 알고 행동하는 것이 시작점이 된다.

상대가 선택할 수 있는 것을 선택할 수 없는 것이라고 가르치는 행위는 기만欺瞞이다. 또한 상대가 할 수 없는 것을 요구하고 강요하는 행위는 폭력暴力이다. 그래서 다른 사람에게 선택할 수 없는 것을 말하거나 설명할 때는 조심스러워야 한다. 사회적으로는 개인이 거부하기 어려운 규칙이나 법의 제정은 제정자에 대한 신뢰와 권위 인정이 기초가 되는 만큼, 그 대상이 받아들일 만한 명분과 실제 이익이 있어야 한다. 그것도 공들인 설명과 편리한 방법이 함께 제공될 때 적극적인 수용이 이루어진다. 그러나 우리 주변의 삶에서는 기만과 폭력의 행위가 수시로 일어나는 것이 사실이다.

사장과 직원들이 각자 영향력의 영역에 집중해야 한다

이것은 우리가 깨어 있는 시간을 가장 많이 보내는 회사 생활에서도 마찬가지다. 그래서 사장은 자신의 위치에 걸맞은 역할을 알고 리더십을 학습해야 한다. 또한 직원들도 팔로워십을 공부해야 한다. 그 힘의 크기와 적용하는 방식에 차이가 있을 뿐, 작용의 결과는 회사라는 한 공간에서 나타나기 때문이다. 사장과 직원은 각각 자신의 위치에서 공헌할 바를 알고 행동하면서 노력하고 협조해야 한다.

그 과정에서 'Leadership = f(성과, 팔로워)'과 'Followership = f(성과, 리더)'이 작동한다. 목표와 전략의 초점을 공유하고 각자의 영향력의 영역에 집중해서 성과에 접근하는 것이 핵심이다. 사장은 사장의 위치에서 직원은 직원의 위치에서 각각의 공헌에 초점을 두어 상호 보완적인 관계로 존재하고 행동하는 것이다.

사장과 직원들이 각자 영향력의 영역에 집중하는 과정에서 사장의 리더십과 직원의 팔로워십이 어우러진다. 또한 그 위치에 걸맞은 책임을 수행하고 권한을 발휘함으로써 기업 조직이 가동된다. 극단적으로 말해서 두 존재 중 하나만 제 역할을 해도 회사는 굴러간다. 다만 사장은 한 명이고 직원은 여럿이기 때문에 사장의 역할에 좀 더 큰 가중치가 부여된다. 대부분의 경영 교과서에서 사장의 리더십을 중점으로 다루는 이유는 사장의 위치에 부여된 역할의 고유한 중요성과 가중치의 크기 때문이다.

그러나 사장의 리더십 못지않게 직원의 팔로워십도 중요하다. 조직원 한 사람 한 사람의 중요성이 높아진 현대의 기업 조직에서는 더욱 그렇다. 두 존재가 모두 자기 역할에 충실하지 못하면 시간의 문제일 뿐 그 회사는 곧 문을 닫게 된다. 반대로 사장이 사장의 역할을 하고 직원이 자신의 역할과 위치에 맞게 노력하는 기업은 시간이 지날수록 그 가치가 높아진다.

리더십을 발휘해야 하는 사장이든 팔로워십을 발휘해야 하는 직원이든 모두 두 가지 행동 방식에 익숙해져야 한다. 첫째, 내적으로 '진짜'가 되기 위해 노력하고 둘째, 외적으로 '최선을 다할 수 있는 환경'을 만들고 유지하기 위해 노력하는 것이다. 이제 이 두 가지 행동 양식에 대해서 자세히 생각해 보자.

44 '진짜'가 되어라

——————— 아무리 감추려고 노력해도 감추기 어려운 두 가지가 있다. 하나는 가난이다. 감추려 해도 옷차림과 행동에서 배어나기 때문이다. 또 하나는 사랑이다. 많은 인파 속에서도 사랑하는 사람은 쉽게 찾아낼 수 있다. 서로를 바라보는 눈빛과 행동을 감출 수 없기 때문이다. '진짜'도 언제 어디서든 어렵지 않게 구분할 수 있다. 진짜 학생, 진짜 선생님, 진짜 군인, 진짜 배우, 진짜 직원, 진짜 사장 등….

가짜는 아니지만 '진짜'라고 받아들이기는 어려운 상황이나 행동들이 있다. '우리 시간 되면 식사나 한번 합시다'라는 말은 가짜 마음은 아니지만 그렇다고 진짜도 아니다. 길 가다 우연히 마주친 친구가 "마침 너한테 중요한 일을 의논할 게 있었는데…"라고 한다면 이것 역시 진짜 중요한 일은 아님을 우리 모두 안다. "시간 되면 나갈게요"라는 말도 진짜가 아니다. 나가기 싫다는 것을 우회적으로 표현하거나 정말 일 없을 때만 가겠다는 뜻이다.

'가짜가 아닌 것'과 '진짜'는 다르다

'진짜'처럼 보이지만 실제로는 '진짜'가 아닌 것들이 우리 주변에 무수히 널려 있다. 자신이 집중하는 본업이 아닌 부수적인 일로 높은 수익을 올리려고 하는 것도 '진짜'가 되기 어렵다. 우연히 한두 번은 가능해도 지속이 어렵기 때문이다. 한 단계 건너서 아는 사람에게 구체적인 도움을 받으려 할 때도 그렇다. 처음에는 뭔가 결과를 도출할 수 있을 듯하지만 대부분 얻는 것 없이 끝난다. 대가나 고생 없이 좋은 것을 얻으려는 기대와 행동은 대부분 '진짜'가 아니다.

'가짜가 아닌 것'과 '진짜'는 하늘과 땅만큼의 차이가 있다. 가짜가 아닌 사람들은 어려운 상황이 벌어지거나 장애물을 만나면 그럴듯한 이유를 대고 그 자리를 피한다. 그러나 '진짜'들은 그 상황을 어떻게든 극복해 나간다. 좋은 결과에는 여유 있는 미소를 짓기도 하고, 좋지 못한 결과에 대해서는 진심으로 반성하고 만회할 기회를 찾는다.

'진짜'는 어떤 경우에도 도망치지 않는다. 최선을 다했다는 말로 얼버무리지도 않는다. 상황의 어려움을 핑계 대지도 않는다. 오히려 그 어려움을 이용해서 목표에 다다를 수 있는 새롭고 독특한 아이디어를 찾아낸다. '진짜'는 늘 최선을 다한다. 또한 좀 더 효과적이고 효율적인 방법을 찾기 위해 노력한다.

'진짜'가 경험과 역량을 갖추면 멋진 프로가 된다. 그는 성과에 책임을 질 뿐 아니라 과정을 즐길 줄도 안다. 서두르지 않으며 일석이조를 생각하고, 자신의 발전과 조직의 발전을 동시에 추구한다. 현재의 일을 하면서 미래에 벌어질 수 있는 상황을 연습한다. '진짜'에게 어려움과 장애물은 새로운 아이디어를 떠오르게 하는 촉매제가 된다.

'주인'이 될 수 있는 방식을 찾자

그렇다면 어떻게 이렇게 멋진 '진짜'가 될 수 있을까? 바로 '주인'이 될 때 '진짜'가 될 수 있다. 많은 사람이 주인이 되는 것을 두려워하지만 주인이 되는 것이 '진짜'가 될 수 있는 가장 쉽고 빠른 길이다. 또한 진심으로 얻고자 하는 것이 있을 때도 '진짜'가 된다.

어린아이들도 정말 하고 싶은 일에는 필사적으로 매달린다.

웬만한 비난이나 꾸중으로는 그들을 멈추지 못한다. 결국 부모들은 아이가 하고 싶어 하는 바를 들어주게 된다. '진짜'가 되는 것이 자신의 삶에 이롭다는 것을 확신할 수 있을 때 '진짜'가 될 수 있다. 그런데 많은 사람이 '진짜'에 대한 멋진 경험을 해보지 못했다. 그래서 그들에게 '진짜'가 되었을 때의 상쾌함과 즐거움, 열정을 경험할 기회를 제공해야 한다.

'긍정적이 되어라' '적극적인 사고방식을 가져라' '주인의식을 갖고 일하라'고 요구하는 것은 쉬운 일이다. 그러나 그 말과 요구를 상대가 그대로 받아들이는 경우는 거의 없다. 하지만 '진짜가 되어라'라는 요구는 받아들여질 가능성이 크다. '진짜'가 되는 것이 본인에게 도움이 되고 유익하기 때문이다. '진짜'는 스스로를 적극적이고 긍정적으로 만든다. 특별한 요구를 하지 않아도 주인의식으로 일하게 된다.

이 세상의 변화들은 '진짜'들에 의해 시작된다

'진짜'들이 반응한, 지나칠 만큼 수수한 두 개의 모집 광고를 소개한다.

탐험대원 모집

적은 봉급, 지독한 추위, 몇 달에 걸친 완벽한 어두움,

지속적인 위험, 생환 보장 없음.

성공했을 경우의 영예와 인지도.

이것은 영국의 탐험가 어니스트 섀클턴Ernest Henry Shackleton(1874~1922)이 남극 탐험에 동참할 사람들을 모으기 위해 게재한 신문광고의 내용이다. 섀클턴은 이 조그만 광고를 통해 매우 적극적인 태도를 가진 유능한 사람들을 모을 수 있었다.

"정직하게 일해도

성공하는 모습을 보여드리고 싶습니다."

1988년에 한 대학 학생회관 게시판에 붙은 '이랜드' 사원 모집 포스터에 실려 있던 문구다. 대학 졸업 후의 진로를 고민하던 나는 이 포스터를 보고 이랜드에 입사했다. 그리고 나와 함께 입사한 동기들은 이랜드의 폭발적인 성장을 이끄는 주역이 되었다.

이 세상의 모든 긍정적인 변화는 '진짜'들에 의해서 시작되고 만들어진다. 사람들은 의외로 '진짜'에 반응한다. '진짜'들은 자기 동기로 행동하기 때문이다. 그러나 지금 우리가 사는 세상

에서는 가짜는 아니지만 그렇다고 '진짜'도 아닌 형태로 일하는 사람들이 훨씬 많다. 그 이유는 사장의 리더십과 직원의 팔로워십이 함께 작동하는 환경을 경험할 기회가 별로 없기 때문이다.

대부분의 현실에서 사장은 직원들에게 쓸모 있는 팔로워십을 강조하고 직원들은 사장의 바람직한 리더십을 요구한다. 서로의 이해관계 속에서 명분을 가지고 자기 권리를 주장하는 데 더 열심이다. 그런데 리더십과 팔로워십의 가치와 구체적인 실행 방식에 대해서는 무지하다. '진짜'를 찾지도 권하지도 않으며 오직 더 돈이 되는가 아닌가에 관심을 쏟는다. '진짜'가 되기 위해 노력하고 방법을 찾으려는 시도들은 의심받고 왜곡되는 경우가 더 많다. 그런 사회의 현실에 안타까움과 답답함을 느낀다.

'진짜'로 행동하고 자신의 역량을 키워가라

'진짜'가 희소한 세상이 되었다. 오히려 그래서 기회가 있다. '진짜'가 된다는 것만으로도 자기 가치를 높일 수 있다. 월급 받는 만큼만 일하겠다는 생각은 자신의 재능과 역량을 제한하는 결과를 불러온다. 손해 보지 말고 받은 만큼만 일하라는 것은 노사관계에서는 의미 있는 말일지 몰라도, 삶의 관점에서는 독약 같은 말이다. 회사에서 요구하는 일차적 필요를 충족시키는 것에서 멈추지 말라. 자기 자신의 가치를 높이는 방식으로써 '진짜'가 됨의 유용성과 가치를 알고 행동하는 사람으로 존재할 것을 권한다.

가짜가 아닌 것으로는 부족하다. '진짜'가 되면 오히려 쉽다. 다만 리더십과 팔로워십이 동시에 작동하는 긍정적인 경험을 할 수 있는 상황이 매우 제한적인 현실이 아쉽다. 그럼에도 불구하고 기업에서 벌어지는 모든 행동은 닭(사장)이 먼저라는 분명한 사실을 꼭 기억하자. 또한 직원들은 팔로워십으로 화답해 자기 가치를 높이고, 회사가 성과를 반복하는 에너지 발전소가 될 수 있음을 경험해 보자.

'진짜'로 행동함으로써 성과의 크기를 키우고 자신의 역량을 확대하는 경험을 해봐야 한다. 회사 생활이 단순히 오늘을 살기 위해 돈을 버는 것에서 그치지 않고, 리더십과 팔로워십이 어우러지는 공간이 될 수 있음을 알고 활용하자. 그래서 자신의 삶에서 가장 많은 시간을 보내는 회사 생활이 의미 있고 가치 있는 삶의 수련장이 되는 경험을 하길 바란다.

45 최선을 다할 수 있는 환경을 만들고 유지하라

——————— CEO 가정교사의 관점에서 직원들에는 자기 가치를 높이기 위해서 일할 것을 강조하고, 사장에게는 직원들이 최선을 다해서 일할 수 있는 환경을 제공할 것을 권한다. 이 두 가지 말이 입장과 위치에 따라 다르게 들리지만 사실은 같은 데 초점을 둔 말이다. 사장도 직원도 최선을 다할 수 있는 환경을 만들고 유지하라는 것이다. 그렇다면 최선을 다할 수 있는 환경이란 어떤 것일까?

회사 생활에서의 최선을 다할 수 있는 환경

회사 생활에서 최선을 다할 수 있는 환경이란 첫째, 개인의 강점이 회사의 필요와 직접적으로 연결되는 경우다. 그러면 회사가 성과를 추구하는 과정에서 개인의 강점을 활용하고 강화하려 노력하고, 그 시도가 반갑게 받아들여진다.

둘째, 회사에서 그 사람에게 맡겨진 일이 개인의 발전과 연결될 때도 그렇다. 그런 환경에서는 일하는 기간만큼의 시간과 경험이 커리어로 쌓인다.

셋째, 자신이 지향하는 삶의 가치와 회사의 지향점이 같을 때다. 앞서 설명했던 'V = A × H' 공식에서 'H'가 자연스럽게 플러스(+) 값을 갖게 되어서 지속적으로 최선을 다하는 태도가 쉬워진다.

대부분의 사람은 최선을 다할 수 있는 환경에 있을 때 '진짜'의 태도와 행동이 강화된다. 또한 오늘보다 내일 더 나은 자신의 모습을 기대할 수 있는 곳에서 지속적으로 성장하려는 노력을 더한다. 따라서 회사를 선택할 때는 자신의 강점을 스스로 알고, 자신이 어떤 방향으로 삶을 살고자 하는가를 생각해야 한다. 급여와 근무조건이 직장을 선택하는 첫 번째 기준이 되어서는 안 된다. 자신의 강점을 살릴 수 있고 자신이 중요하게 생각하는 삶의 가치를 구현할 수 있는 곳인가를 먼저 확인해야 한다.

월급과 근무조건만을 보고 시작하는 회사 생활에서는 '진짜'의 삶을 살기 어려울 수 있다. 앞에서 강조했듯이 어떤 환경에서든 '진짜'가 되려고 노력하는 사람은 항상 가치 있게 받아들여진다. 그러나 환경이 어떤지에 따라 '진짜'가 되려는 개인의 노력은 제한된다. 개인의 노력이 조직에서 받아들여지지 않으면 오히려 미운 오리 새끼로 전락하게 된다. 회사의 방향성이 자신에게 적합한지가 가장 큰 변수가 된다.

취업 자체도 만만치 않은 사회에서 자신과 방향이 맞는 회사를 찾으라는 말이 매우 이상적으로 들릴 수도 있다. 그러나 그렇지 않다. 인생에는 연습이 없다. 지나간 시간을 되돌릴 수도 없다. 스스로 결심하고 정리정돈하지 않으면 미래에도 어제의 생활과 행동을 답습할 뿐이다. 어려운 현실이 핑곗거리가 되지 않도록 유의하자. 자신의 삶에서 '진짜'가 되고 최선을 다할 수 있는 환경에 속하려는 노력은 삶의 마지막 순간까지 계속되어야 한다. 일자리를 찾는 취업 준비생이 넘쳐나지만 동시에 회사에서는 함께 일할 만한 적절한 사람을 찾기 어려운 것이 객관적인 사실이다.

이미 회사 생활을 시작한 사람이라면 현재의 직장이 그렇지 못한 곳이라고 바로 떠날 마음을 먹는 것은 지혜롭지 못하다. 먼저 스스로 '진짜'가 되기 위해 노력하자. '진짜'는 어떤 직장에서든 늘 가치 있게 받아들인다. 따라서 자신의 노력이 조직에서 더 이상 받아들여지지 않는다고 판단된다면, 그때 새로운 환경을 찾을 것을 권한다.

회사 생활에서 '진짜'가 되는 방법은 생각보다 단순하다. 요구받는 것에서 멈추지 않고, 그 요구의 본질적 필요에 집중하고 행동하는 것이다. 그리고 본질적 필요에 집중하면서 효과와 효율 모두를 얻을 수 있는 방식을 강구하는 것이다.

그런데 스스로 '진짜'가 되기 위해 노력한다고 해서 조직이나 다른 사람들에게 호의적으로 받아들여지는 것은 아니다. 미운 오리 새끼 이야기에서 알 수 있듯이 백조 새끼가 오리 무리에 속해 있으면서 자기답게 행동하면 오히려 왕따가 된다. 그래서 먼저 자신에게 적합한 회사를 찾아 지속적으로 최선을 다할 수 있는 환경으로 들어가야 한다.

자기 자신에게 물어야 할 세 가지 질문

사장이든 직원이든 회사 생활을 하면서 바른 방향을 유지하기 위해 정기적으로 확인해야 할 세 가지 질문이 있다.

첫째, 나는 '진짜'로 살아가고 있는가? 스스로 진짜가 되기 위해 노력하고 주변의 평판을 확인하면서 냉정하게 자신을 평가해 봐야 한다.

둘째, 최선을 다할 수 있는 환경인가? 현재 자신이 서 있는 곳이 자신이 최선을 다할 수 있는 곳인가를 확인해야 한다.

셋째, 지속적으로 학습하고 있는가? 나도 고객도 경쟁자도 환경도 모두 변화함을 당연하게 생각하자. 그리고 지금보다 더 나아질 수 있는 방향과 방법을 찾아서 노력하는 것을 멈추지 말자.

진짜가 된다는 것은 결국 자기 가치를 높이는 습관으로 일하는 것이다. 그리고 사장의 위치에서든지 직원의 위치에서든지 최선을 다할 수 있는 환경을 찾고 유지하는 것은 타협의 영역이 아니다. 최선을 다해서 일할 수 있는 환경이 무엇인지 묻고, 그러한 환경을 만들고 지속할 방법을 찾으라. 그것이 바른 리더십과 효과적인 팔로워십을 구현하는 기초가 된다. 이를 통해 회사 생활에서 최종 가치에 집중해서 행동하는 '진짜'들의 구심점으로 존재하길 바란다.

나가는 글

성과를 반복하는 경영자, 그리고 비즈니스 게임의 법칙

『사장학 수업』 1권에서 지혜의 8할은 '구분'이라는 내 의견을 피력하고, 사장이 자기 사업의 방향과 순서, 실행의 가중치에 대한 지혜로운 판단을 해야 한다고 강조했다. 본문의 내용은 셋으로 구분해서 1부 '사장의 시작: 아홉 명의 사장 이야기', 2부 '사장이 넘어야 할 다섯 개의 산', 3부 '사장의 내공 쌓기'를 통해 사장으로서 성공 공식을 정립하는 것의 의미와 가치를 공유했다.

그리고 이 책 『사장학 수업 Ⅱ』, 즉 2권에서는 기업 경영에서 가중치가 높은 두 변수인 '사장의 리더십'과 '직원의 팔로워십'에 집중해서 내가 비즈니스 현장을 통해 확인했던 내용들을 정리

정돈했다.

1부 '사장의 리더십'은 기업의 규모와 성장 과정을 연계해서 이해할 때 리더십을 수용하고 실행할 수 있다고 생각했기에, 생존의 리더십-개인 리더십-관계 리더십-조직 리더십으로 단계를 구분해서 설명했다. 만약 현장을 뛰면서 즉각적인 결과를 얻고자 하는 사장이라면 1부의 내용 중 '생존의 리더십 7단계'를 학습하고 적용하는 것만으로도 성과를 얻을 수 있다.

그러나 경영자의 위치에서 긴 호흡으로 스스로는 물론 다른 사람들에게 긍정적인 영향력을 끼치면서 사장의 역할을 지속할 의지를 갖고 있다면 개인 리더십을 습관으로 만들고, 관계 리더십을 노력하면서, 조직 리더십을 지속적으로 학습하고 적용할 것을 권한다.

2부 '직원의 팔로워십'의 경우 국내에서 이 정도의 체계를 갖추고 팔로워십을 다루는 첫 번째 책이지 않을까 생각한다. '팔로워십'이라는 단어가 거의 신조어에 가깝기에, 이 내용들을 시작으로 다른 이들이 더 풍성한 내용과 접근 방식을 보태주길 기대한다. 숫자로 따진다면 99% 이상의 사람들이 팔로워십을 이해하고 실행해야 하는 위치에 있기 때문이다. 기업에서 팔로워의 위치에서 일하는 사람들이 자신의 존재와 행동의 중요성을 깨닫고, 각자의 위치에서 자존감을 갖고 일할 수 있길 바란다.

3부 '리더와 팔로워 모두에게 당부하는 말'은 내 개인적인 의견이 많이 담겨 있으므로 독자의 생각에 따라 취사선택해도 괜찮다. 그러나 한 가지, 우리가 깨어 있는 시간 중 가장 많은 시간을 보내는 회사가 단순히 노동력을 사고파는 공간으로만 존재하고 기능하는 것에 안타까움을 느낀다. 그래서 현대인의 삶에서 가장 큰 비중과 가중치를 가진 회사 생활을 통해서 '사람 살 만한 세상'을 느끼길 바라는 비즈니스 멘토로서의 바람을 담았다. 목적을 상실하고 목표와 전략에 매몰되어 자신의 권력과 돈 되는 것에만 관심을 쏟는 '똑똑한 바보들'의 어그러진 모습이 내 마음을 무겁게 만들고 있기 때문이다.

*

『사장학 수업』 시리즈는 총 세 권으로 구성되어 있다. 세 권을 한 단어로 표현하면 '구분'을 주제로 비즈니스맨이 알고 행동해야 할 내용들을 정리정돈한 책이다. 1권 '사장이 넘어야 할 다섯 개의 산'은 사업을 시작하면 피해갈 수 없는 다섯 개의 주제인 생존–고객–경쟁–기업–자기 자신을 1+3+1의 방식으로 구분해서 설명하고, 특히 '생존의 산'과 '자기 자신의 산'의 보이지 않는 연결성을 설명할 수 있었던 것이 큰 가치로 남았다.

2권에서는 '사장의 리더십과 직원의 팔로워십'을 골격으로 '성과를 반복하는 경영자'가 되기 위해서 알아야 하고 노력해야 하는 행동의 초점을 정리정돈할 수 있었기에 참 감사하다.

3권 '비즈니스 게임의 법칙'은 자연의 세계와는 다른 인간 사회의 독특한 존재 방식인 '지각'을 중심으로, 비즈니스와 관련된 많은 현상들을 정리정돈해서 설명하고 공유하고자 한다. 또한 그 내용들을 '비즈니스 패러다임'과 '비즈니스 프로세스'로 구분해서 사장들이 경영 현장에서 활용할 수 있도록 입체적인 형태로 설명하고 소개하려고 한다. 유익하고 재미있는 내용들을 다수 확인할 수 있을 것이다.

*

인간 세상에서 나이가 60을 넘으면서 깨닫는 것들이 있다. 많은 사람이 정답을 찾지만 실제 답은 '그 답을 찾는 과정'에 있다는 것이다.

많은 사람이 더 좋은 것better과 최선best을 찾지만, 우리의 삶에서 정작 중요한 것은 '그것이 자신에게 적합한 것인가?'다. 이를 확인하는 과정이 꼭 필요하다. 그래서 답을 찾는 과정을 소중히 여기고, 도출된 결과가 자신에게 적합한 것인가를 묻고 확인해서 마무리의 기준으로 삼을 것을 권한다.

다음 책 『사장학 수업 Ⅲ』 '비즈니스 게임의 법칙'에 기대와 성원을 부탁한다.

사장학 수업 II

사장의 리더십과 직원의 팔로워십

초판 1쇄 인쇄 2024년 7월 17일
초판 1쇄 발행 2024년 7월 24일

지은이 김형곤
펴낸이 김선식

부사장 김은영
콘텐츠사업2본부장 박현미
책임편집 여소연 **디자인** 마가림 **책임마케터** 문서희
콘텐츠사업5팀장 김현아 **콘텐츠사업5팀** 마가림, 남궁은, 최현지, 여소연
마케팅본부장 권장규 **마케팅1팀** 최혜령, 오서영, 문서희 **채널1팀** 박태준
미디어홍보본부장 정명찬 **브랜드관리팀** 안지혜, 오수미, 김은지, 이소영
뉴미디어팀 김민정, 이지은, 홍수경, 서가을
크리에이티브팀 임유나, 변승주, 김화정, 장세진, 박장미, 박주현
지식교양팀 이수인, 염아라, 석찬미, 김혜원, 백지은
편집관리팀 조세현, 김호주, 백설희 **저작권팀** 한승빈, 이슬, 윤제희
재무관리팀 하미선, 윤이경, 김재경, 임혜정, 이슬기
인사총무팀 강미숙, 지석배, 김혜진, 황종원
제작관리팀 이소현, 김소영, 김진경, 최완규, 이지우, 박예찬
물류관리팀 김형기, 김선민, 주정훈, 김선진, 한유현, 전태연, 양문현, 이민운

펴낸곳 다산북스 **출판등록** 2005년 12월 23일 제313-2005-00277호
주소 경기도 파주시 회동길 490 다산북스 파주사옥
전화 02-704-1724 **팩스** 02-703-2219 **이메일** dasanbooks@dasanbooks.com
홈페이지 www.dasan.group **블로그** blog.naver.com/dasan_books
용지 한솔피엔에스 **인쇄** 한영문화사 **코팅·후가공** 평창피엔지 **제본** 한영문화사

ISBN 979-11-306-5517-8 (04320)
979-11-306-4972-6 (세트)